数 据 要 素 丛 书

数据资产入表与数据交易合规指南

江翔宇 ◎ 著

A COMPLIANCE GUIDE TO
DATA ASSET ACCOUNTING AND DATA TRADING

图书在版编目（CIP）数据

数据资产入表与数据交易合规指南 / 江翔宇著 . -- 北京：机械工业出版社，2025.1. -- （数据要素丛书）. ISBN 978-7-111-77210-1

Ⅰ. F272.7-62

中国国家版本馆 CIP 数据核字第 2025J1X119 号

机械工业出版社（北京市百万庄大街 22 号　邮政编码 100037）
策划编辑：杨福川　　　　　　　　责任编辑：杨福川
责任校对：张勤思　张雨霏　景飞　责任印制：常天培
北京科信印刷有限公司印刷
2025 年 2 月第 1 版第 1 次印刷
170mm×230mm · 14 印张 · 3 插页 · 211 千字
标准书号：ISBN 978-7-111-77210-1
定价：89.00 元

电话服务	网络服务
客服电话：010-88361066	机 工 官 网：www.cmpbook.com
010-88379833	机 工 官 博：weibo.com/cmp1952
010-68326294	金 书 网：www.golden-book.com
封底无防伪标均为盗版	机工教育服务网：www.cmpedu.com

前言

为何写作本书

本书聚焦于数据资产入表、数据交易、数据合规，这几个关键词在近几年无疑热度较高，但事实上对于网络安全、个人信息保护、数据安全等数据相关法律问题一直有大量的学术研究和实务探讨，而对数据要素、数据流通、数据交易这些词则很少触及。一个主要原因是在法律体系与规定不完善的背景下，数据流通和数据交易很容易成为灰色地带，因此，虽然行业内往往对数据流通和数据交易避而不谈，但实际上数据的场外交易和数据流通在以各种名义与方式进行着。分水岭大体上是2021年《中华人民共和国个人信息保护法》与《中华人民共和国数据安全法》的实施，它们与《中华人民共和国网络安全法》构成了三位一体的中国数据领域的法律保障体系，为数据的流通利用提供了基本法律规范，为中国建设数字经济的数据安全制度奠定了基础。对数据要素市场与数据流通利用的全面、深入的研究在2022年中央全面深化改革委员会第二十六次会议后自上而下地迅速开展，伴随而来的是2023年各种相关的政策性文件如规定企业数据入表的《企业数据资源相关会计处理暂行规定》迅速出台，国家数据局及地方数据局等机构改革迅速落地。这是我们讨论数据的交易和流通利用，进而讨论数据资产化甚至数据资本化的时代背景。

2022年中央全面深化改革委员会第二十六次会议审议通过的《中共中央 国务院关于构建数据基础制度更好发挥数据要素作用的意见》（以下简称"数据

二十条")等国家政策性文件对数据要素做出了战略性的顶层设计,数据的重要性被提高到前所未有的高度。数据要素被认为具有与土地、劳动力同等的重要性,未来将形成巨大市场,创造巨大财富。数据要素的价值和作用因其特殊性需要更多的时间来挖掘和认识,也存在一定的争议。但从时代发展的趋势来看,数据是人工智能的基础底座之一,数据作为一种市场要素必然是大势所趋。

要想充分发挥数据要素的价值和作用,必然离不开数据在具体场景下的流通利用。数据的流通利用是一个宽泛的概念,不仅包括委托处理、共同处理、对外提供等各种数据共享方式,也包括以许可协议、服务协议甚至交易采购合同形式出现的数据交易方式。数据的价值在具体场景下的流通利用中得以体现。

而数据资产入表的内涵是什么,意义是什么,又应该如何操作?个人理解数据资产入表是"牛鼻子",牵一发而动全身。数据资产入表将企业的数据资源的对应成本在符合条件的前提下计入资产,这对拥有数据资源的企业具有财务优化的积极意义,更重要的是它将引起企业对数据要素的重视,促进企业的数字化转型,推动数据的交易流通和数据价值的实现。

随着数字经济、人工智能的快速发展,特别是中国在全球率先将数据提升到市场要素的地位,而数字经济和人工智能发展的底座之一是数据的合规流通与价值利用,因此研究数据资产入表和数据交易的合规具有重要的现实意义和必要性。这也是笔者写作本书的主要原因。

笔者长期在金融监管和金融机构工作,后来跨界到互联网企业工作,一直负责法律合规事务,因而机缘巧合地参与了传统金融和数据领域的跨界法律研究和实践。在近几年的律师工作中,笔者又有幸协助筹建了上海数据交易所,参与了《上海市数据条例》《苏州市数据条例》等立法工作,并较早地为企业提供数据交易和数据资产入表领域的法律服务,对数据要素市场发展的底层逻辑和立法演变有一些感悟,希望通过本书将个人在研究和实践中的思考做一下归纳梳理。

本书主要内容

《企业数据资源相关会计处理暂行规定》(以下简称《暂行规定》)制定和发布的时代背景是,随着数字经济和人工智能产业的飞速发展,并持续推动生产方式、生活方式和社会治理方式的深入变革,数据资源的价值日益凸显。企业会计准则是会计领域的一项基础制度安排,制定有关数据资产入表的《暂行规定》是贯彻落实党中央、国务院关于发展数字经济的决策部署的具体举措,也是规范企业数据资源相关会计处理、发挥会计基础作用的重要一环。推进企业数据资产入表不是最终目的,但这一举措将促进数据的合规流通利用和价值实现,促进企业的数字化转型,使企业主动拥抱数字经济,可谓牵一发而动全身。

本书从工作程序和法律实体角度对企业数据资产入表的基本内涵、数据资产入表工作的具体流程、入表工作的合规要点进行了分析与归纳,对其中的数据合规的重点法律问题进行了深入探讨。鉴于数据交易与数据资产入表之间存在较强的联系,本书也对数据交易中的法律合规问题进行了研究。此外,本书还对公共数据授权运营、人工智能、数据出境等领域与数据资产入表、数据交易相关的合规问题进行了分析与归纳。本书涉及的重点数据法律合规问题包括:企业数据资产入表与数据确权;数据权属问题的困境与解决路径;企业对拟入表数据资源进行确权时的合规性审查要点;企业需要为数据资产入表做哪些合规侧的准备;数据资产金融化(资本化)的法律问题;公共数据授权运营与数据资产入表;个人数据入表中的合规流通利用难点与企业利用个人信息的合规基础和解决路径;生成式人工智能与企业数据资产入表的关系及生成式人工智能的相关合规要点;数据交易与企业数据资产入表之间的内在逻辑关系;数据交易的合规审查要点等。

数据资产入表是一次全新的探索,因此对由于数据本身的可复制性、非竞争性等特殊属性而产生的很多问题尚存在不同观点,且没有国外的丰富经验可以借鉴。对于数据资产入表及进一步的金融化利用,我们认为核心是如何确认数据资产的应用场景,是否真正发挥数据的价值,以及数据交易的真实可信、可追溯和可验证、合规确权、成本计量,如果数据资产经得住这些维度的推敲,则数据资产入表本身和传统资产的入表没有本质区别，相应地，在此底层资产基础上的金融化利用也是水到渠成。本书秉承积极、冷静的态度对数据资产入表金融化利用的各种模式和可能遇到的法律问题进行专业分析。

关于数据交易问题，数据产品交易一直存在，但主要以场外交易的方式存在，场内交易从近年来各地建立数据交易所才开始，其交易模式与交易机制和传统的要素交易差异很大，仍处于不断探索的初期，尚不成熟。场内交易的价值及其与场外交易的关系是一个重要的基础性问题，事关数据要素市场发展的底层逻辑。从数据资源到数据产品，再到数据资产甚至走向数据资本化，都需要通过可信的登记来支撑，数据产品交易的登记将成为数据资产确权和价值衡量的基础，而场内数据交易一般是严格登记，未来场外数据交易也有必要鼓励登记，数据交易所则是较为合适的登记机构。同时，未来的数据产品本身、场内外数据交易登记有必要鼓励在确权后上区块链。部分数据交易所对挂牌产品强制要求前置的实质性合规评估具有重要意义，因为这在法律上数据权属尚无明确规定时能够通过实质性核查最大限度确认数据来源合规和供方基于行为、合同具有合法的权利，并有助于数据产品交易的需方进行数据资源入表时的高效确权，且成本计量将简便可信，因此必将促进更多的企业进场交易。数据资产入表后，在数据资本化（金融化利用）所需的评估过程中，数据的价值将更加容易被资产评估机构所认可。但是由于数据具有可复制性和非竞争性，以支配和排他为核心的传统所有权确权模式并不能想当然地应用于数据领域，有关数据权利的法律性质、数据权属、数据财产权益的分配等问题，现行法律均无明确规定，因此出现了数据交易双方的权利义务界限不清、数据财产权益不明确等交易困境。数据交易与传统的商品交易存在很大差异，数据交易中的合规问题涵盖了各种数据领域的合规问题，本书对此进行了全面的分析。

本书读者对象

首先，本书是一本面向企业管理者及财务、法律、技术负责人的关于数据资产入表的合规研究成果的指引手册，故在写作上尽可能以不算深奥的法律语言对数据要素市场的底层逻辑、数据资产入表的程序与合规要点、数据的流通利用中的合规风险点等问题进行了较为清晰、简明、准确、客观的专业解答，帮助快速理解数据资产入表和数据交易中的合规问题，实现企业合规高效入表。

其次，本书适合作为数据要素市场中介机构的从业人员（包括律师、会计师等）理解关键法律问题、把握合规要点的工具书。

最后，本书是一本从数据要素市场和数据资产入表角度分析各种数据法律合规问题的专业理论书籍，虽然重心不在理论研究上，但实际上写作仍以理论研究为基础，以法律规定和法理为底层逻辑支撑，并源于笔者的实践，故也是法律界专业人士理解数据领域前沿法律实践的专业著作。

本书内容特色

本书具有前瞻性、务实性和理论性相结合的特点，能够给读者带来最新的数据要素市场信息、专业的法律分析、冷静的底层逻辑思考与清晰准确的指引。

致谢

本书的撰写源于笔者对实践的理论思考并反哺实践。首先，衷心感谢在笔者从金融法律服务领域跨界到数据要素市场、数据交易、数据资产入表的法律服务这一前沿领域的过程中给予笔者支持和帮助的很多领导、专家与朋友，在这里无法逐一列出，谨表示最真挚的谢意；其次，书中不少观点和内容在笔者之前的个人文章或报告中已有初步体现，但形成一本具有前瞻性的出版物并不容易，特别感谢韩昕彤、张玉燕、管心竹3位同事，三人行必有我师，年轻的小伙伴们同笔者一起在金融、数据前沿领域的研究和实践，给了笔者不少启发与灵感，她们还参与了若干章节的资料收集、梳理和部分内容的撰写等工作。

目录

前言

第 1 章 数据要素市场与数据资产入表

1.1 数据要素市场建设 …… 2
  1.1.1 数据要素市场相关政策背景 …… 2
  1.1.2 "数据二十条"的主要内容 …… 5
1.2 数据资产入表的内涵和意义 …… 7
  1.2.1 什么是数据资产 …… 7
  1.2.2 什么是数据资产入表 …… 8
  1.2.3 什么是数据资产化 …… 9
  1.2.4 数据资产入表的意义 …… 10
1.3 数据资产入表的五大挑战 …… 11

第 2 章 数据资产入表的政策与法规解读

2.1 数据资产入表的政策演变与底层逻辑 …… 15
2.2 《暂行规定》的适用范围 …… 19
2.3 数据资源会计处理适用的准则 …… 22
2.4 数据资产账面价值的认定 …… 23
2.5 数据资产相关披露要求 …… 24
2.6 《暂行规定》不溯及既往 …… 28
2.7 数据资产评估与数据资产入表的关系 …… 29

第 3 章 数据资产入表与数据确权

- 3.1 数据权属界定 ... 32
- 3.2 "合法拥有"路径的数据确权难题 ... 36
  - 3.2.1 物权 ... 36
  - 3.2.2 知识产权 ... 37
  - 3.2.3 数据知识产权 ... 39
  - 3.2.4 新型民事权利——数据产权 ... 42
- 3.3 "合法控制"的数据确权路径的相对可行性 ... 44
- 3.4 数据确权的方式 ... 46
- 3.5 "数据二十条"对数据确权的影响 ... 49

第 4 章 数据资产入表的重点合规问题

- 4.1 数据资产入表与企业数据合规 ... 52
- 4.2 数据来源合规 ... 54
  - 4.2.1 公开数据收集——以爬虫技术为例 ... 55
  - 4.2.2 直接采集数据 ... 63
  - 4.2.3 间接收集数据 ... 72
- 4.3 数据处理合规 ... 74
  - 4.3.1 企业应具备相应的资质 ... 75
  - 4.3.2 数据处理需符合授权范围 ... 75
  - 4.3.3 数据处理行为需分类分级管理 ... 76
- 4.4 数据经营合规 ... 81
  - 4.4.1 企业作为数据处理者对外提供数据产品或服务 ... 81
  - 4.4.2 企业作为受托数据处理者对外提供数据产品或服务 ... 84
- 4.5 数据管理合规 ... 86
  - 4.5.1 数据合规管理组织体系是否合理、完善 ... 86
  - 4.5.2 数据合规管理制度体系是否完善、可执行 ... 88

第 5 章 数据资产入表的准备工作及注意事项

5.1 做好企业数据治理合规情况的审查　　92
　　5.1.1 数据经营合规性审查　　92
　　5.1.2 数据来源合规性审查　　94
　　5.1.3 数据处理合规性审查　　94
　　5.1.4 数据管理合规性审查　　95
　　5.1.5 数据资源应用场景合规性评估　　95
5.2 做好数据处理可记录与处理成本可计量工作　　96
5.3 充分做好数据资产入表的信息披露工作　　97
5.4 将数据资源确认为"存货"时对"出售"的判断　　99

第 6 章 数据资产入表的主要路径

6.1 以数据资源的形式　　101
　　6.1.1 企业自用数据资源入表　　101
　　6.1.2 企业待售数据资源入表　　102
6.2 以数据产品的形式　　103
6.3 以企业并购的形式　　104

第 7 章 数据资产入表与公共数据

7.1 公共数据流通模式　　107
　　7.1.1 公共数据的三种流通模式　　107
　　7.1.2 公共数据授权运营与公共数据开放的联系　　109
　　7.1.3 公共数据授权运营与公共数据开放的差异　　113
7.2 公共数据授权运营中的授权场景　　114
　　7.2.1 公共管理和服务机构对于公共数据运营主体的授权　　115
　　7.2.2 信息主体对于公共管理和服务机构的授权　　117
　　7.2.3 信息主体对于公共数据运营主体、使用主体的授权　　118

第 8 章 数据资产入表与个人数据

- 8.1 个人数据合规流通利用的痛点　　121
- 8.2 个人数据流通利用的合规基础　　123
  - 8.2.1 个人授权　　124
  - 8.2.2 三重授权　　125
  - 8.2.3 匿名化与去标识化　　128
- 8.3 个人数据流通利用的路径探索——隐私计算等　　130

第 9 章 数据资产入表与生成式人工智能

- 9.1 生成式人工智能的界定　　136
  - 9.1.1 人工智能的分类　　136
  - 9.1.2 生成式人工智能与深度合成技术　　137
  - 9.1.3 生成式人工智能与大模型　　138
- 9.2 生成式人工智能的合规开发与利用　　140
  - 9.2.1 《暂行办法》适用范围的判断　　141
  - 9.2.2 底层大模型的选用　　145
  - 9.2.3 训练数据的合规性审查　　147
  - 9.2.4 训练数据标注制度的建立　　152
  - 9.2.5 大模型生成内容的安全性管理与评估　　153
  - 9.2.6 大模型备案　　154
  - 9.2.7 生成式人工智能服务提供者的行为规范　　155
  - 9.2.8 大模型的迭代　　157
- 9.3 生成式人工智能涉知识产权问题探讨　　158
  - 9.3.1 训练数据的合理使用　　158
  - 9.3.2 生成式人工智能生成物的权属　　161
  - 9.3.3 生成式人工智能生成物的侵权问题　　164

第 10 章 企业数据资产入表案例分析与启示

- 10.1 上市公司数据资产入表情况　　167

10.2 企业数据资产入表相关案例评述　172
   10.2.1 上市公司的入表案例　172
   10.2.2 非上市公司的入表案例　173

第 11 章 数据资产入表衍生金融化利用的思考与展望

11.1 金融意义下的数据资产管理内涵　176
11.2 数据资产衍生金融化利用的探索与实践　176
   11.2.1 数据信托　177
   11.2.2 数据资产质押融资贷款　180
   11.2.3 无质押数据资产增信贷款　184
   11.2.4 数据资产证券化　186
   11.2.5 数据资产作价入股　187

第 12 章 数据资产入表与数据交易

12.1 数据资产入表与数据交易的关系　190
   12.1.1 数据交易的界定　190
   12.1.2 数据资产入表与数据交易的联系　192
12.2 数据交易的法律性质　192
12.3 场内交易与场外交易　195
12.4 数据交易的合规性审查要点　196
   12.4.1 企业的基本情况尽调　197
   12.4.2 数据来源的合法性　197
   12.4.3 企业的数据安全能力核查　198
   12.4.4 数据的可交易性　199
   12.4.5 数据产品可能存在的利益相关方　200
   12.4.6 数据产品的流通风险　202
12.5 跨境数据流通交易的合规要点　204

| 第 1 章 | CHAPTER

数据要素市场与数据资产入表

党的十九届四中全会首次在中央层面确定数据可以作为生产要素参与分配，数据要素自此成为继土地、资本、劳动、技术之后的第五大生产要素。数据要素市场建设和培育的核心在于正确认识和深刻把握数据要素价值的实现机制，并利用市场的力量实现数据要素的最优配置。因此，明确数据资源的资产属性，允许企业将持有的数据资源确认为资产从而计入资产负债表中，对于挖掘数据要素价值、更好发挥数据要素作用有着重要意义。

本章将介绍数据要素市场建设的政策背景，并对数据资产入表相关概念的内涵进行界定和解释，阐述数据资产入表在数据要素市场建设中的功能和作用。此外，本章还将总结现阶段企业在数据资产入表实践中遇到的困难和挑战。

1.1 数据要素市场建设

1.1.1 数据要素市场相关政策背景

2017年12月8日，习近平总书记在中共中央政治局进行第二次集体学习时，就实施国家大数据战略发表讲话，明确"要制定数据资源确权、开放、流通、交易相关制度，完善数据产权保护制度"。

2019年10月，党的十九届四中全会决定明确将数据作为新的生产要素，将其列为比肩土地、资本、劳动、技术的第五大生产要素。数据作为一种新型生产要素，在推动经济高质量发展、促进全面数字化转型方面的重要作用日益凸显。

2020年4月9日，《中共中央 国务院关于构建更加完善的要素市场化配置体制机制的意见》印发，该文件将数据列为生产要素之一，并明确将数据要素的市场化配置作为要素市场制度建设的方向和重点改革任务之一。其中特别强调了"引导培育大数据交易市场，依法合规开展数据交易"和"建立健全数据产权交易和行业自律机制"。

2020年5月11日，《中共中央 国务院关于新时代加快完善社会主义市场经济体制的意见》印发，进一步提出"建立数据资源清单管理机制，完善数据权属界定、开放共享、交易流通等标准和措施，发挥社会数据资源价值"。这一顶层制度的导向充分体现了互联网大数据时代的特征，数据要素优化配置成为数据经济发展的关键环节。

2020年10月29日，党的十九届五中全会及"十四五"规划和2035年远景目标纲要对"打造数字经济新优势"作出了专门部署，提出"迎接数字时代，激活数据要素潜能，推进网络强国建设，加快建设数字经济、数字社会、数字政府，以数字化转型整体驱动生产方式、生活方式和治理方式变革"，明确了数字化的发展前景和目标。会议专门提及数字化发展和数字中国，并将其与制造业、服务业、产业链和供应链现代化、交通和能源等领域的改革和发展放在一起，凸显了数字化发展的重要作用和地位。一方面，这十分符合目前我国经济社会的发展需要和发展趋势；另一方面，这也说明了国家在战略层面对数字化发展和各行各业的数字化转型与提升的高度重视。目前国际政治和经济环境复杂且其不稳定性和不确定性增加，针对新一轮科技革命和产业变革深入发展的战略方向是"十四五"规划和2035年远景目标纲要的重要内容。数字化转型是提升产业生产力和生产效率、提高竞争力和实现产业现代化的根本性改革举措。

2021年10月18日，习近平总书记在中共中央政治局第三十四次集体学习时强调，发展数字经济是把握新一轮科技革命和产业变革新机遇的战略选择。一是数字经济健康发展有利于推动构建新发展格局，数字技术、数字经济可以推动各类资源要素快捷流动、各类市场主体加速融合，帮助市场主体重构组织模式，实现跨界发展，打破时空限制，延伸产业链条，畅通国内外经济循环。二是数字经济健康发展有利于推动建设现代化经济体系，数字经济具有高创新性、强渗透性、广覆盖性，不仅是新的经济增长点，而且是改造提升传统产业的支点，可以成为构建现代化经济体系的重要引擎。三是数字经济健康发展有利于推动构筑国家竞争新优势，当今时代，数字技术、数字经济是世界科技革命和产业变革的先机，是新一轮国际竞争重点领域，我们要抓住先机、抢占未来发展的制高点。

2022年6月22日，中央全面深化改革委员会第二十六次会议召开。会议审议通过《关于构建数据基础制度更好发挥数据要素作用的意见》，明确提出要建立合规高效的数据要素流通和交易制度，完善数据全流程合规和监管规则体系，建设规范的数据交易市场；要完善数据要素市场化配置机制，更好发挥政府在数据要素收益分配中的引导调节作用，建立体现效率、促进公平的数据要素收益分配制度。

2022年12月19日，中共中央、国务院印发《中共中央 国务院关于构建数据基础制度更好发挥数据要素作用的意见》（以下简称"数据二十条"），构建了数据产权、流通交易、收益分配、安全治理等四项制度，共计二十条政策措施，初步形成了我国数据基础制度的"四梁八柱"。其中最重要的制度创新是提出建立数据资源持有权、数据加工使用权、数据产品经营权"三权分置"的数据产权制度框架。

2023年2月27日，中共中央、国务院印发《数字中国建设整体布局规划》，明确数字中国建设按照"2522"整体框架[一]进行布局，夯实数字基础设施和数据资源体系两大基础，到2025年基本形成横向打通、纵向贯通、协调有力的一体化推进格局，数字中国建设取得重要进展；建设公平规范的数字治理生态；完善法律法规体系，加强立法统筹协调，研究制定数字领域立法规划，及时按程序调整不适应数字化发展的法律制度。该规划还将数字中国建设工作情况作为对有关党政领导干部考核评价的参考。

2023年3月，党的二十届二中全会通过了《党和国家机构改革方案》，其中提出，要"组建国家数据局，负责协调推进数据基础制度建设，统筹数据资源整合共享和开发利用，统筹推进数字中国、数字经济、数字社会规划和建设等"。2023年10月25日，国家数据局正式揭牌，致力于推进数据要素市场化配置改革"一条主线"，统筹数字中国、数字经济、数字社会"三个建设"，推动数据工作更好服务高质量发展。国家数据局的成立，标志着我国数据要素市场体系的发展和完善进入一个新的时代历程。

2023年12月31日，国家数据局会同其他十六部门共同发布《"数据要素×"

[一] "2522"整体框架即夯实数字基础设施和数据资源体系"两大基础"，推进数字技术与经济、政治、文化、社会、生态文明建设"五位一体"深度融合，强化数字技术创新体系和数字安全屏障"两大能力"，优化数字化发展国内国际"两个环境"。

三年行动计划（2024—2026年）》，本计划选取了包括工业制造、现代农业、金融服务等12个重点发展领域，旨在充分发挥数据要素乘数效应，赋能经济社会发展。2024年5月24日，国家数据局会同其他相关部门在第七届数字中国建设峰会上发布第一批20个"数据要素×"典型案例，涵盖12个行业和领域，通过示范引领，激励多方主体积极参与，释放数据要素价值。

2024年7月2日，国家数据局党组书记、局长刘烈宏出席在北京举行的2024年全球数字经济大会开幕式，并作题为"把握经济发展新机遇"的致辞。在致辞中，刘烈宏局长表示："国家数据局将以制度建设为主线，今年陆续推出数据产权、数据流通、收益分配、安全治理、公共数据开发利用、企业数据开发利用、数字经济高质量发展、数据基础设施建设指引等8项制度文件，加大政策供给，推动我国海量数据优势转化为国家竞争新优势。"由此可见，在可预见的未来，国家将更加重视数据要素市场健全完善的配套基础制度，随着数据产权、数据流通等规定的出台，数据确权、数据流通利用等模式与逻辑将会更加清晰。

1.1.2 "数据二十条"的主要内容

为促进数据的合规流通与利用，2022年末，国务院发布"数据二十条"全文，以顶层设计文件的形式明确国家支持数据资源流通利用的政策导向，围绕促进数据合规高效流通使用、赋能实体经济这一主线，以数据产权制度、流通交易制度、收益分配制度和安全治理制度为重点，对数据要素市场发展相关的必需制度作出安排。

尤其是在数据产权制度方面，由于数据具有可复制性和非竞争性，以支配和排他为核心的传统所有权确权模式并不能当然应用于数据领域，所有权制度不能适应数据流通利用的实践需求。例如，数据权利的法律性质、数据权属、数据权益的分配等问题，在法律、行政法规中均未明确规定具体内涵，这就导致数据交易双方权利义务界限不清、数据财产权益难以保障等交易困境，制约了数据的流通与利用。

"数据二十条"创造性提出了数据产权结构性分置制度，回避了现有法律框架下数据所有权问题，转而建立以数据资源持有权、数据加工使用权、数据产品经营权为核心的"三权分置"体系，对数据流通利用的规制从产权范式转变为治理范式，把现阶段难以解决的数据所有权确权问题拆分为数据持有权、加工使用权与经营权的治理问题。此举为数据流通与利用提供了制度基础，在一定程度上解除了数据要素市场中经营者的顾虑，确认了数据财产权益，解放了数据流通利用的巨大潜力，促进了数据的合规流通与利用，是数字经济发展过程中里程碑式的重大制度安排。

可以说，"数据二十条"是政策先行，通过一系列的实践和探索，积累经验，印证理论，以为后续法律层面的落实打下基础，这符合新兴事物的发展规律。但与此同时，需要看到"数据二十条"在效力上仍是政策性文件，并非法律，即限制数据流通利用的数据权属等问题并没有在法律层面上得到突破，亟待立法上的明确。面对发展迅速的数据市场，"数据二十条"所确立的制度安排需要及时转化为法律表述，参考土地承包经营权、改革开放等政策，最终以立法形式对其效力进行确认。在十四届全国人大常委会立法规划项目中，推进科技创新和人工智能健康发展的法律被列入第一类项目（条件比较成熟、任期内拟提请审议的法律草案）下可根据需要适时安排审议的范围，数据权属和网络治理等方面的立法项目被列入第三类项目（立法条件尚不完全具备、需要继续研究论证的立法项目），可见数据权属的立法难度甚至大于人工智能立法，需继续加强相关研究。

"数据二十条"的主要内容为"把握一条主线＋构建四个制度＋推进四项措施"，具体简要归纳如表 1-1 所示。

表 1-1 "数据二十条"的主要内容

主要内容	具体内容
把握一条主线	坚持促进数据合规高效流通使用、赋能实体经济这一主线,以充分实现数据要素价值、促进全体人民共享数字经济发展红利为目标
构建四个制度	建立保障权益、合规使用的数据产权制度,探索数据产权结构性分置制度,建立数据资源持有权、数据加工使用权、数据产品经营权"三权分置"的数据产权制度框架
	建立合规高效、场内外结合的数据要素流通和交易制度,从规则、市场、生态、跨境等四个方面构建适应我国制度优势的数据要素市场体系
	建立体现效率、促进公平的数据要素收益分配制度,在初次分配阶段,按照"谁投入、谁贡献、谁受益"原则,推动数据要素收益向数据价值和使用价值创造者合理倾斜,在二次分配、三次分配阶段,重点关注公共利益和相对弱势群体,防止和依法规制资本在数据领域无序扩张形成市场垄断等各类风险挑战
	建立安全可控、弹性包容的数据要素治理制度,构建政府、企业、社会多方协同的治理模式
推进四项措施	加强党的全面领导
	加大政策支持
	积极鼓励试验探索
	支持浙江等地区和有条件的行业、企业先行先试;稳步推进制度建设

1.2 数据资产入表的内涵和意义

1.2.1 什么是数据资产

目前在实践中,对数据资产概念的使用较为随意,往往以"数据资产管理"的形式出现。笔者认为,数据资产的内涵可以分为以下三个维度:

一是 IT 和信息意义上的"数据资产"。很多企业在生产经营的过程中会产生大量的数据,形成所谓的"数据资产",它们包括但不限于数字信息、文字信息、图像信息、语言信息和数据库。此处的数据资产本质上是指企业的数据资源,目前通常讲到的数据资产多数是指这种情况,其计量单位是 GB、TB 等。

二是经济学意义上的"数据资产",其使用较为宽泛,不一定符合数据资产入表的要求。

三是会计意义上的"数据资产",其使用较为狭窄,特指符合入表要求、可以计入无形资产或存款的企业数据资源。这里,数据资产是指"企业过去的交易或者事项形成的,合法拥有或控制的,能进行计量的,预期会给企业带来经济利益的数据资源"。⊖

本书讨论的数据资产是指第三个维度,即符合《企业数据资源相关会计处理暂行规定》(以下简称《暂行规定》)标准的企业数据资源。

1.2.2 什么是数据资产入表

数据资产入表是指将符合标准的数据资源确认为资产负债表中的"资产",从而能够将相关数据资源形成数据资产的过程更加合理地反映在财务报表中。⊖ 具体来说,《暂行规定》规定:企业使用的数据资源,符合《企业会计准则第6号——无形资产》(财会〔2006〕3号)规定的定义和确认条件的,应当确认为无形资产;企业日常活动中持有、最终目的用于出售的数据资源,符合《企业会计准则第1号——存货》(财会〔2006〕3号)规定的定义和确认条件的,应当确认为存货;企业出售未确认为资产的数据资源,应当按照收入准则等规定确认相关收入。

基于与国际会计核算接轨、稳健推进等考量,《暂行规定》明确企业数据资源适用现行企业会计准则,并没有改变现行准则下的会计确认计量方法与要求。

⊖ 《企业会计准则——基本准则》对资产的定义:资产是指企业过去的交易或者事项形成的,由企业拥有或者控制的,预期会给企业带来经济利益的资源。国家标准《信息技术服务数据资产管理要求》(GB/T 40685—2021)对数据资产的定义:数据资产是指合法拥有或者控制的,能进行计量的,为组织带来经济和社会价值的数据资源。

⊖ 根据《暂行规定》,这个过程实际上是将数据资源对应的历史成本确认为资产,因此也有很多专家称之为"数据资源入表"。考虑到数据资产入表的提法已经被广泛使用,为避免误解,本书亦采用这一提法。

其本质是对现行准则的重申和细化，即在"存货""无形资产""开发支出"三个科目下新增"数据资源"项目，对数据资产入表的会计账目处理方式及列示规则进行明确。

值得注意的是，《暂行规定》解决的是会计问题，即在会计核算时如何将符合条件的数据资源以资产入账，并不能当然认为《暂行规定》可以一并解决数据确权、数据流通交易及数据资产评估等问题。这些问题将在下文中详细分析，此处不再赘述。

1.2.3　什么是数据资产化

笔者认为，数据资产化实质上就是指数据资源在满足会计准则条件后计入资产负债表、形成数据资产的这一过程。根据《企业会计准则——基本准则》，资产是指企业过去的交易或者事项形成的、由企业拥有或者控制的、预期会给企业带来经济利益的资源。具体到"数据资产"领域，即指企业拥有或控制的、预期会给企业带来可持续经济利益（内部价值或外部收益）、以数据为主要内容和服务的数据产品（数据资源）。

对数据资产化的讨论往往离不开数据资源化、数据资本化等概念。例如，上海数据交易所提出企业数据资产化三部曲：数据资源化、资源产品化和产品资产化。总体上，笔者认为目前市场上有一定的共识，即数据资源宜以数据产品的方式体现，数据资产入表也是基于数据产品，数据产品可以通过场内或场外的途径进行交易流通。也不排除入表后的数据资产进一步实现数据资产的金融创新利用，即通常所称的数据资本化。数据资本化目前包括数据资产增信融资、数据资产出资、数据资产质押融资、数据资产保理、数据资产信托、数据资产保险、数据资产证券化。

实践中，还有机构提出数据资产交易等各种概念。总体上，笔者认为目前在讨论数据要素市场的各种问题时，首先需严谨界定讨论的概念是否在同一维度，对使用的各种概念应能给予明确的内涵和外延说明，避免泛化和误导，避免形式大于实质，而应重点抓住能够促进数据流通利用和价值真正实现的关键。

1.2.4 数据资产入表的意义

关于数据资产入表的意义，笔者目前并未见到权威的深入阐释。个人理解，数据资产入表的意义可以归纳为以下五点：

第一，增加企业资产（数据资产）。将数据资源产品化背后的成本计入资产负债表的无形资产或存货，无疑将增加企业的资产，优化资产负债结构，从经济利益角度利好企业。同时费用资本化也利好职能部门，为管理与发展预留空间。此外，传统公司企业报表的扩张来自土地、不动产的建造、产线等固定资产，但是土地与物理空间载体已是一个企业的发展上限，最好的方式是提升无形资产的占比。

第二，促进企业的数字化转型。数据资产入表将激励企业盘点和梳理数据资源，提高数据治理水平，挖掘数据的商业价值并形成数据产品，提高企业的数字化水平。

第三，促进数据的合规、高效流通使用。国家做此顶层设计的根本目的是促进数据的流通利用，鼓励场内和场外的数据交易以及各种广义上的数据共享使用，实现数字化转型和迎接人工智能社会。从这个意义上看，数据资产入表牵一发而动全身。

第四，是实现数据本身价值的重要方式。数据资产入表将企业内部的数据价值充分挖掘出来，促进数据资源的使用，最大限度发挥数据资源的价值。数据资产化将激活市场潜能，催生丰富的数据应用场景，提高企业开展面向数据生产与创新的积极性。

第五，是实现数据资本化的重要前提。企业实现企业数据产品交换价值的会计计量即数据资产入表后，以报表资产为基础必然将积极探索数据资产的经济价值（金融价值），也可以称之为"数据资本化"。这一追求金融价值的数据资本化，笔者理解应该不是财政部设计数据资产入表的主要目的，但是从数据生产要素之前的其他生产要素发展来看，数据资本化是不可回避的趋势，某种程度也有利于数据流通利用和价值的挖掘，只是目前仍然存在很多合规确权、价值和交易真实可验证、数据资产评估困难等实践中的障碍。无论如何，在数据资本化中，数据资产入表应是必经流程。

1.3 数据资产入表的五大挑战⊖

由于数据相较于其他生产要素具有明显的独特性，加之《暂行规定》刚生效不久，该领域可借鉴、参考的典型案例较少，如何合规、高效地实现数据资产入表操作的相关流程尚待进一步探索。基于现有的实践，我们将目前企业数据资产入表过程中遇到的主要挑战归结为以下几点。

1. 数据资产的确认

不同于传统资产，数据具有很强的时效性，企业所持有的数据资源往往处于不断更新与增加的过程中。有些数据虽然能给企业带来经济利益，但其生命周期过短，不具备超过一年的使用价值。这些数据因不具有价值稳定性而无入表的必要，即便强行入表，其账面价值也会在短时间内被全部摊销。因此，企业在开展数据资产入表相关工作时，首先应当解决的问题是如何确定拟入表的数据资源，确保入表工作有价值。

根据实践中企业数据应用的具体场景，数据可大致分为三类，即舆情类数据、营销类数据和风控类数据。其中，舆情类数据多为新闻报道、社会动态等，其业务模式为企业采集公开数据并生成实时资讯报告等，为客户提供服务。这种数据具有生产周期短、时效性强的特点，一般不具有长期使用的价值。营销

⊖ 本节部分内容参考了赵丽芳和刘小钰的文章《数据资产入表十大挑战与处理办法》，该文于 2023 年 12 月 27 日载于微信公众号"上海数据交易所"，访问链接为 https://mp.weixin.qq.com/s/_Zddo0Lf1FsBfy2TJpZ4Sw。

类数据则为企业通过对相关主体各类信息的收集，经加工整理形成用户画像等，用于企业营销、推广活动。由于此等客观事实具有相对稳定性，因此这类数据的生命周期相对较长，长期使用价值较高。风控类数据则是基于对相关主体长期情况的记录，对其信用等情况进行综合评判，用于风险管理等具体业务需求。此类数据的生命周期最长，长期使用价值最高。

基于此，企业应当结合自身业务模式与数据利用的实际情况对数据资源进行分类。对于生命周期短、无长期使用价值的舆情类数据等，不宜确认为资产，依照《暂行规定》的要求，将相关数据对应的利益流入确认为收入即可；对于生命周期相对较长的营销类、风控类数据，则可以考虑按照《暂行规定》及相关会计准则的具体要求，确认为资产。

2. 数据资产研究阶段与开发阶段时点的确认

根据《暂行规定》，数据资源可以被确认为无形资产或存货。现阶段，数据交易合同的法律性质仍存在争议，因此在数据资产入表的实践中，企业多将数据资源确认为无形资产。根据《企业会计准则第 6 号——无形资产》，企业内部研究开发项目的支出，应当区分研究阶段支出与开发阶段支出，只有满足一定条件的开发阶段支出才能被确认为是无形资产。

在实践中，有部分企业通过对所持有的数据进行初步加工与处理，实现了部分需求，在此基础上加大投入进而实现相关数据资源的商业化利用。此时，如何确认研究阶段与开发阶段的时点，将会直接影响企业数据资产的账面价值，这对企业项目研发的管理体系提出较高的要求。

3. 数据资产相关成本的归集

《暂行规定》明确数据资产账面价值的确定适用成本法，即以企业相关数据资产形成所耗费的历史成本作为相关数据资产账面价值的确认依据。但在实践中，企业在数据资源的管理过程中，往往以满足特定需求为出发点，对数处理相关成本的管控较为粗放，且财务部门与业务部门之间信息传递并不通畅，导致数据资产的成本归集成为难题，进而导致入表难。这就要求相关企业加快数字化转型，结合企业数据处理流程重构各部门间的信息共享与财务报告制度，并重点落实工时管理系统。

4. 数据资产使用寿命的确认

数据具有很强的时效性，其价值会随着时间的推移而发生显著变化。在实践中，即使企业已能够确认数据资源符合入表的条件，但如何确定其作为无形资产的使用寿命仍旧是一个不小的挑战。

上文提到，企业可以将所持有的数据资源根据应用场景等大致分为舆情类、营销类和风控类三种。下面按这三种数据类型来一一讨论。

舆情类数据的生命周期一般不超过一年，因此可不进行入表操作。

营销类数据，其价值稳定性的基础为信息主体的决策偏好惯性，因此企业需要结合具体的业务情况来判断此类数据的使用寿命，一般不会超过三年。以精准营销这一应用场景为例，消费者的偏好会随着时间的变化而变化，企业利用营销类数据所制定的营销策略会逐渐失效，此时企业就需要重新收集数据并制定新的营销策略，也就是说，营销策略存续的周期可以在一定程度上反映相关数据资产的使用寿命。

风控类数据，其使用寿命一般较长。以银行授信场景为例，银行一般会通过被授信企业三至五年的信用情况进行风险分析，因此风控类数据的使用寿命一般在三至五年，少数会在五年以上。

5. 数据资产摊销方法的选择

当相关数据资源被确认为无形资产时，就会随之产生无形资产摊销方法选择的问题。一般来说，无形资产摊销方法的选择应当与其价值随时间的贬损情况相适应。因此在选择数据资产的摊销方法时，应在审慎的前提下结合数据资产发挥作用的具体方式进行综合研判。对于时效性较强的数据资产，可以选择加速摊销的方法，例如年数总和法。对于使用寿命认定较长的数据资产，在选择合理的摊销方法后，仍应对其具体情况保持关注和跟踪，一旦出现产生价值不达预期的情况，应及时调整其账面价值。

第 2 章 | CHAPTER

数据资产入表的政策与法规解读

《暂行规定》的发布为企业将数据资源作为资产而非费用进行入账和会计处理提供了依据。随后，财政部、国务院国资委、国家数据局等国家有关部门接连发布数个数据资产入表相关政策文件，为社会各界数据资产入表工作的开展提供了方向指引。

本章将对《暂行规定》发布后的一系列数据资产入表相关政策进行梳理，基于此分析数据资产入表的底层逻辑，并对各个政策的重点内容进行解读和分析。

2.1 数据资产入表的政策演变与底层逻辑

2023 年 8 月 22 日，《暂行规定》正式发布，2024 年 1 月 1 日，《暂行规定》施行。《暂行规定》开宗明义，其立法目的是为规范企业数据资源相关会计处理，强化相关会计信息披露。财政部在答记者问中指出：制定《暂行规定》是贯彻落实中共中央、国务院关于发展数字经济的决策部署的具体举措，也是以专门规定规范企业数据资源相关会计处理、发挥会计基础作用的重要一步；制定《暂行规定》将有助于进一步推动和规范数据相关企业执行会计准则，准确反映数据相关业务和经济实质。

继 2019 年 12 月 31 日发布《**资产评估专家指引第 9 号——数据资产评估**》后，中国资产评估协会（简称中评协）于 2023 年 9 月 8 日再度发布《**数据资产评估指导意见**》，为数据资产评估相关事项提供指引，明确数据资产价值的评估方法包括收益法、成本法和市场法三种基本方法及其衍生方法。此外，《数据资产评估指导意见》对评估对象（即数据资产）的界定与《暂行规定》保持一致。也就是说，若某一数据资源的价值可以被评估，则其一定符合被确认为资产的标准。

2023 年 12 月 31 日，财政部印发《**关于加强数据资产管理的指导意见**》（以下简称《指导意见》）。《指导意见》意在通过出台指导性文件对企业和公共数据资产管理进行引导规范，解决目前数据资产仍面临的高质量供给明显不足、合规化使用路径不清晰、应用赋能增值不充分等问题。此外，《指导意见》第十四条规定，"稳步推进国有企业和行政事业单位所持有或控制的数据资产纳入本级政府国有资产报告工作，接受同级人大常委会监督"。此规定将国企的数据资产纳入政府国有资产报告并接受监督，督促国有企业对数据资产入表充分评估，而不能随意对待数据资产入表问题。数据资产入表构成权利还是义务的问题或将被进一步讨论。我们认为，在此背景下，各类企业（包括国企）有必要着手梳理和盘点自身的数据资产，谨慎评估和论证数据资产的处理。从中国数字经济发展的角度看，数据资产入表的工作无疑将鼓励中国的各类企业对所持有数据的价值的有效利用和促进企业数字化转型。

2023 年 12 月 31 日，国家数据局牵头发布《**"数据要素 ×" 三年行动计划（2024—2026 年）**》。该行动计划在"开展试点工作"部分再次提及要"推动企业按照国家统一的会计制度对数据资源进行会计处理"，足见国家对数据资产入表相关工作推进的重视。同时，该行动计划相对于其此前的征求意见稿对数据资产入表后的金融利用作出了较为稳妥谨慎的安排。

2024年1月15日，国务院国资委印发《**关于优化中央企业资产评估管理有关事项的通知**》，旨在助力中央企业高质量发展、优化资产评估管理工作，并明确各地国有资产监督管理机构可以参照执行，其中第三部分即知识产权、科技成果、数据资产等资产交易流转定价的问题。根据前述文件，中央企业及其子企业发生数据资产转让、作价出资、收购等经济行为时，应当依据评估或估值结果作为定价参考依据，经咨询3家及以上专业机构，确难通过评估或估值方式对标的价值进行评定估算的，依照相关法律和企业章程履行决策程序后，可以通过挂牌交易、拍卖、询价、协议等方式确定交易价格，其中挂牌或拍卖底价可以参照其账面价值、历史投入成本等因素合理确定。

2024年2月8日，财政部发布《**关于加强行政事业单位数据资产管理的通知**》(以下简称《通知》)，《通知》以前述《指导意见》为上位法依据，系《指导意见》的下位规则，从行政事业单位的视角对数据资产管理作出了要求。笔者认为，一方面，《通知》强调行政事业单位要建立健全数据资产管理相关制度，清查盘点所持有的数据资源，加强数据资产登记，积极推动数据资产开放共享，因地制宜探索数据资产管理模式，发掘数据要素价值；另一方面，《通知》亦明确指出，行政事业单位数据资产管理相关工作应严格遵守法律规定，对数据资产应审慎处置，制定合理的数据资产收益分配机制，依法依规维护数据资产权益。此外，《通知》明确规定行政事业单位不得利用数据资产进行担保、新增政府隐性债务，亦严禁借授权有偿使用数据资产的名义，变相虚增财政收入。这一方面可能是出于减少泡沫、维护社会经济安全的考量；另一方面，如此规定可以在一定程度上避免行政事业单位"垄断"所持有的公共数据资源并以此进行不当融资或获取不当利益，从而为推动公共数据的流通与利用提供制度保障。

数据资产入表相关的主要政策规定见表2-1。

表 2-1 数据资产入表相关的主要政策规定

时间	规定
2019 年 12 月 31 日	《资产评估专家指引第 9 号——数据资产评估》(中评协)
2023 年 8 月 22 日	《企业数据资源相关会计处理暂行规定》(财政部)
2023 年 9 月 8 日	《数据资产评估指导意见》(中评协)
2023 年 12 月 31 日	《关于加强数据资产管理的指导意见》(财政部)
2024 年 1 月 4 日	《"数据要素 ×"三年行动计划（2024—2026 年）》(国家数据局)
2024 年 1 月 15 日	《关于优化中央企业资产评估管理有关事项的通知》(国务院国资委)
2024 年 2 月 8 日	《关于加强行政事业单位数据资产管理的通知》(财政部)

《暂行规定》的出台无疑是一件对企业具有重要和深远意义的大事，其时代背景是随着大数据等信息技术、互联网等基础设施的不断演进，数字经济和产业得到飞速发展，并持续推动生产方式、生活方式和社会治理方式的深入变革，数字产业化和产业数字化日趋成为新技术、新业态、新模式发展的新动力。

企业会计准则是会计领域的一项基础制度安排，制定《暂行规定》是贯彻落实中共中央、国务院关于发展数字经济的决策部署的具体举措，也是以专门规定规范企业数据资源相关会计处理发挥会计基础作用的重要一步。推进企业数据资产入表不是最终目的，而是手段。数据资产入表将促进数据生产要素的流通和利用，在高效合规流通和利用中实现数据要素的价值，促进中国企业数字化转型，主动拥抱数字经济。数据资产入表涉及各种主体，从企业到中介机构到金融机构，涉及场内和场外交易市场以及广义的数据共享，涉及以历史成本为标准的数据资产化和进一步以数据资产估值为基础的数据资本化，可谓牵一发而动全身。

数据资产入表是一个全新的领域，数据本身的特殊性会导致很多难以达成共识的问题，且没有域外的经验可以借鉴，因此不仅数据资产入表需要一定的时间来探索，而且在数据资产入表基础上的金融化利用也可能存在一些风险。对于这些问题，我们认为解决问题的关键在于始终以促进数据的流通利用和价值实现为出发点，确认数据资产的应用场景和发挥价值确保数据交易真实可信、可追溯和可验证、合规确权、成本计量可靠。如果数据资产经得住这些维度的推敲，则数据资产入表本身和传统资产的入表没有本质区别；而在此底层资产基础上的金融化利用也会水到渠成，不仅能够经得住推敲，而且能够使数据资源的流通利用形成闭环。

要实现这些目标，需要"制度设计＋技术方案＋法律合规"三位一体：需要加快数据权属的立法等制度设计，确保管理层面有依据；需要通过区块链等技术记录数据产品登记信息、交易信息和交易价格，通过技术手段验证数据资源的流通可信，做到技术层面有工具；需要做好数据合规确权工作，确保法律层面有证据。

2.2 《暂行规定》的适用范围

《暂行规定》第一条规定，本规定适用于企业按照企业会计准则相关规定确认为无形资产或存货等资产类别的数据资源，以及企业合法拥有或控制的、预期会给企业带来经济利益的、但由于不满足企业会计准则相关资产确认条件而未确认为资产的数据资源的相关会计处理。

根据《企业会计准则——基本准则》（以下简称《基本准则》），资产是指企业过去的交易或者事项形成的、由企业拥有或者控制的、预期会给企业带来经济利益的资源。符合资产定义的资源，在同时满足与该资源有关的经济利益很可能流入企业，以及该资源的成本或者价值能够可靠地计量的条件时，确认为资产。因此，数据资源确认为资产的条件主要包括四个要素：

- 企业过去的交易或者事项形成的；
- 由企业合法拥有或者控制的；
- 预期会给企业带来经济利益的；
- 成本或者价值能够可靠地计量。

由此可以得出，数据资源构成资产需要满足以下条件：

其一，相关数据资源是由过去的购买、生产、建设行为或者其他交易事项形成的。

其二，相关数据资源是由企业拥有或控制的。《基本准则》对于"拥有或控制"解释为，企业享有某项资源所有权，或者虽然不享有所有权，但该资源能被企业所控制。

其三，相关数据资源预期会给企业带来经济利益，且相关的经济利益很可能流入企业。《基本准则》规定，预期会给企业带来经济利益，是指直接或者间接导致现金和现金等价物流入企业的潜力。同时，《基本准则》规定，只有满足与该资源有关的经济利益很可能流入企业时，才符合确认资产的条件之一。

其四，相关数据资源的成本或者价值能够可靠地计量。《基本准则》规定，企业应当以实际发生的交易或者事项为依据进行会计确认、计量和报告，如实反映符合确认和计量要求的各项会计要素及其他相关信息，保证会计信息真实可靠、内容完整。

需要明确的是，并非所有的数据资源都能确认为无形资产或存货。基于会计计量可靠性、严谨性等原则，目前大部分数据资源因不符合资产的定义或相关资产的确认条件而不宜被确认为数据资产，只有少数数据资源可被作为资产进行确认。例如，财务部会计司在其组织的官方培训中列举了不宜被确认为资产的数据资源的情形，具体如表 2-2 所示。

表 2-2 数据资源不宜被确认为资产的情形

序号	情形	原因
1	A 企业利用撞库的黑客手段获取某社交网站大量用户的个人信息，并打包后出售给 B 企业	A、B 企业对相关数据的拥有或控制不具有合法性
2	C 企业通过开源数据平台免费下载某国家法律条文、法律判决等数据集，用于司法人工智能的研究	虽然能够产生预期利益，但系从开源、免费的平台获得，其他人亦可免费下载相关数据集，因此 C 企业未实现对数据集的拥有和控制，且未发生费用支出

(续)

序号	情形	原因
3	D 企业订阅某数据库,可在一年内实时查询相关数据,据悉,该数据库同时为 5000 个企业会员提供查询服务	D 企业仅获得了查询数据库的权利,非排他性地直接获取该数据库的全部内容,它仅能就获得的查询权利是否属于资产进行判断
4	E 企业外购了一系列原始数据集,但相关数据质量(准确性、真实性、关联性等)欠缺,且分散于金融、医疗等各领域,难以单独或结合支持企业经营活动,亦无法挖掘形成有价值的数据产品,或对外出售	虽然 E 企业就相关数据付出了可计量的成本,但因预期不能给企业带来经济利益,因此不符合资产的定义
5	F 企业从事智能财务共享业务,过程中涉及客户企业的费用报销、合同台账等数据。F 企业认为,在取得客户授权的前提下,相关数据存在价值挖掘潜力,但尚未明确清晰的应用场景,无法确认预期能够带来的经济利益	虽然相关数据具有价值挖掘潜力,但尚未构建起清晰的应用场景,无法确认预期能否实现经济利益的流入,不符合资产的定义
6	G 企业在经营中收集了一系列生产数据并进行初步清洗整理,能够为企业后续生产经营活动提供支撑,但由于内部数据治理基础薄弱,未能对相关成本进行可靠计量	由于不能对相关数据的成本进行可靠计量,故不符合资产确认条件,不能被确认为资产

此外,由于数据本身存在特殊性、数据权属制度和数据流通市场未臻完善,以及数据相关主要业务模式仍待探索等,现阶段可被确认为存货的数据资源较为少见,如图 2-1 所示。

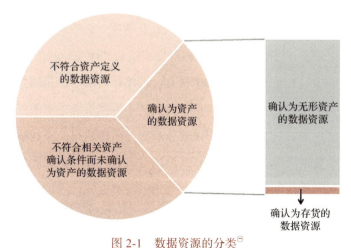

图 2-1 数据资源的分类○

○ 图片源自财务部会计司《暂行规定》线上专题培训。

2.3 数据资源会计处理适用的准则

《暂行规定》明确企业应当按照企业会计准则相关规定，根据数据资源的持有目的、形成方式、业务模式，以及与数据资源有关的经济利益的预期消耗方式等，对数据资源相关交易和事项进行会计确认、计量和报告。按照会计上经济利益实现方式，将数据资源细分为"企业使用的数据资源"和"企业日常活动中持有、最终目的用于出售的数据资源"两类，并规范了不满足资产确认条件下相关数据资产交易的处理方式。前者符合《企业会计准则第6号——无形资产》（财会〔2006〕3号）规定的定义和确认条件的，应当确认为无形资产；后者符合《企业会计准则第1号——存货》（财会〔2006〕3号）规定的定义和确认条件的，应当确认为存货；企业出售未确认为资产的数据资源，应当按照收入准则等规定确认相关收入。

由此可以看出，判断适用无形资产准则还是存货准则的关键在于，明确相关数据资产系"企业使用"还是"企业日常活动中持有、最终目的用于出售"。《暂行规定》在公开征求意见阶段，曾在征求意见稿中提出根据内部使用和对外交易两个维度，就数据资源应适用无形资产准则还是存货准则进行区分。考虑到企业利用所持有的数据资源为客户提供服务是较为典型和常见的对外交易数据资源的应用场景，关于该场景属于内部使用还是对外交易存在不同解读，《暂行规定》明确了只有企业日常活动中持有、最终目的用于出售的数据资源，才适用存货准则。换言之，对外非排他性授权使用数据资源的业务模式，或者同时存在内部使用和对外交易但并不主要依赖对外出售取得经济利益的双重使用业务模式下的数据资源，适用无形资产准则进行会计核算，因此现阶段数据资产入表的主要形式或为无形资产。

如前所述，现阶段可被确认为存货的数据资源较为少见，这是由实践中数据资源"买断"式的业务场景极少所造成的。财政部会计司的线上专题培训曾经提到，数据资源确认为存货的一个典型场景为数据的直接转让。例如，A 公司的主要经营活动为对数据进行采集和清洗、标注等，加工后出售给其他企业。双方约定，在 A 公司按照合同约定的质量标准交付相关数据后，应对其进行销毁，除非监管部门的管理需要，不得向其他方提供相关数据所涉原始数据的来源、规模、质量等。再如，B 公司专门从事语料数据的收集与加工，并出售给从事大模型、智能驾驶等相关领域的科技企业。B 公司基于对某国人工智能领域市场需求的预判，主动采集并加工形成可供大模型训练使用的数据集，准备未来出售给相关企业。在前述两种情形中，若此类业务模式本身属于公司的日常活动，且又满足会计准则的其他规定，则可将相关数据资源作为存货进行会计核算。

2.4 数据资产账面价值的认定

根据《暂行规定》，数据资产入表时数据资产账面价值的认定适用成本法，即以企业相关数据资产形成所耗费的历史成本作为数据资产入表时的账面价值。数据资产价值的确认方法一般可以分为成本法、市场法和收益法。但在三种确认方法中，市场法需要以活跃的公开数据交易市场和评估对象具有可比性（可比对象需为同一类型和同一用途的数据）为重要前提，而收益法则往往被应用于数据资产存在成熟的市场和透明的交易记录以及数据资产的未来收益可以用货币计量的情况。在目前的数据交易市场中，场外数据交易仍占较大的比例，场内外数据交易模式并不成熟，数据交易记录等相关信息亦不透明，这就导致现阶段以市场法或收益法确定数据资产账面价值仍缺乏事实基础。因此，《暂行规定》采用成本法计量数据资产的账面价值（此处成本法系指历史成本，区别于数据资产评估中成本法中的重置成本），一方面，这是基于稳健与审慎的考量，避免数据资产入表带来较大的市场泡沫；另一方面，在数据交易市场尚不成熟的情况下，成本法相较于市场法和收益法更具有可行性。但应当注意，成本法并非计量数据资产账面价值的唯一解决方式，随着数据交易市场的进一步成熟和完善，数据资产入表时账面价值的确认方法亦有可能会引入市场法及收益法，以更好地反映企业的数据价值，充分体现数据对企业生产经营的重要作用。

根据《暂行规定》，拟入表数据资源的成本构成如表 2-3 所示。

表 2-3　拟入表数据资源的成本构成

资产类型	取得方式	成本构成	备注
无形资产	外购	成本包括购买价款、相关税费，直接归属于使该项无形资产达到预定用途所发生的数据脱敏、清洗、标注、整合、分析、可视化等加工过程所发生的有关支出，以及数据权属鉴证、质量评估、登记结算、安全管理等费用	相关支出若不符合无形资产准则规定的无形资产定义和确认条件的，应当根据用途计入当期损益
	自行开发	应当区分研究阶段支出与开发阶段支出：研究阶段的支出，应当于发生时计入当期损益；开发阶段的支出，满足无形资产准则第九条规定的有关条件的，才能确认为无形资产	在以无形资产入表时，应重点关注数据资源相关业务模式、权利限制、更新频率和时效性、有关产品或技术迭代、同类竞品等因素对无形资产的使用寿命进行估计
存货	外购	成本包括购买价款、相关税费、保险费，以及数据权属鉴证、质量评估、登记结算、安全管理等所发生的其他可归属于存货采购成本的费用	
	自行加工	成本包括采购成本，数据采集、脱敏、清洗、标注、整合、分析、可视化等加工成本和使存货达到目前场所和状态所发生的其他支出	

2.5　数据资产相关披露要求

根据《暂行规定》，企业在财务报表中披露数据资产相关信息的规则被分为四类，如表 2-4 所示。

表 2-4　企业数据资产相关信息的披露内容

是否强调披露	企业信息披露具体规则	
企业需强制披露的信息	确认为无形资产的数据资源	企业应当按照外购无形资产、自行开发无形资产等类别，对数据资源无形资产相关会计信息进行披露，并可以在此基础上根据实际情况对类别进行拆分 一方面，有助于报表使用者了解数据资源无形资产的形成方式，以及分别评价不同形成方式的数据资源无形资产；另一方面，有助于在资产负债表相关报表项目列示金额的基础上，更好地了解企业数据资源无形资产的增减变动
	确认为存货的数据资源	企业应当按照外购存货、自行加工存货等类别，对数据资源存货相关会计信息进行披露，并可以在此基础上根据实际情况对类别进行拆分 一方面，有助于报表使用者了解数据资源存货的形成方式，以及分别评价不同形成方式的数据资源存货；另一方面，有助于在资产负债表相关报表项目列示金额的基础上，更好地了解企业数据资源存货的增减变动
	未被确认为资产的数据资源	—
企业自愿披露的信息	用于形成相关数据资源的原始数据的类型、规模、来源、权属、质量等； 企业对数据资源的加工维护和安全保护情况； 重大交易事项中涉及的数据资源对该交易事项的影响及风险分析； 数据资源相关权利的失效情况及失效事由、对企业的影响及风险分析等； 数据资源转让、许可或应用所涉及的地域限制、领域限制及法律法规限制等权利限制	

其中，需披露的内容具体如下。

（1）确认为无形资产的数据资源相关披露

1）对于使用寿命有限的无形资产，披露其使用寿命的估计情况及摊销方法；对于使用寿命不确定的无形资产，披露其账面价值及使用寿命不确定的判断依据。

2）根据《企业会计准则第 28 号——会计政策、会计估计变更和差错更正》的规定，披露对数据资源无形资产的摊销期、摊销方法或残值的变更内容、原因以及对当期和未来期间的影响数。

3）单独披露对企业财务报表具有重要影响的单项数据资源无形资产的内容、账面价值和剩余摊销期限。

4）披露所有权或使用权受到限制的数据资源无形资产，以及用于担保的数据资源无形资产的账面价值、当期摊销额等情况。

5）披露计入当期损益和确认为无形资产的数据资源研究开发支出金额。

6）根据《企业会计准则第 8 号——资产减值》等规定，披露与数据资源无形资产减值有关的信息。

7）根据《企业会计准则第 42 号——持有待售的非流动资产、处置组和终止经营》等规定，披露划分为持有待售类别的数据资源无形资产有关信息。

（2）确认为存货的数据资源相关披露

1）披露确定发出数据资源存货成本所采用的方法。

2）披露数据资源存货可变现净值的确定依据、存货跌价准备的计提方法、当期计提的存货跌价准备的金额、当期转回的存货跌价准备的金额，以及计提和转回的有关情况。

3）单独披露对企业财务报表具有重要影响的单项数据资源存货的内容、账面价值和可变现净值。

4）披露所有权或使用权受到限制的数据资源存货，以及用于担保的数据资源存货的账面价值等情况。

（3）企业自愿披露的信息

企业对数据资源进行评估且评估结果对企业财务报表具有重要影响的，应当披露评估依据的信息来源，评估结论成立的假设前提和限制条件，评估方法的选择，各重要参数的来源、分析、比较与测算过程等信息。

企业可以根据实际情况，自愿披露数据资源（含未作为无形资产或存货确认的数据资源）下列相关信息：

1）数据资源的应用场景或业务模式、对企业创造价值的影响方式，与数据资源应用场景相关的宏观经济和行业领域前景等。

2）用于形成相关数据资源的原始数据的类型、规模、来源、权属、质量等信息。

3）企业对数据资源的加工维护和安全保护情况，以及相关人才、关键技术等的持有和投入情况。

4）数据资源的应用情况，包括数据资源相关产品或服务等的运营应用、作价出资、流通交易、服务计费方式等情况。

5）重大交易事项中涉及的数据资源对该交易事项的影响及风险分析，重大交易事项包括但不限于企业的经营活动、投融资活动、质押融资、关联方及关联交易、承诺事项、或有事项、债务重组、资产置换等。

6）数据资源相关权利的失效情况及失效事由、对企业的影响及风险分析等，如数据资源已确认为资产的，还包括相关资产的账面原值及累计摊销、减值准备或跌价准备、失效部分的会计处理。

7）数据资源转让、许可或应用所涉及的地域限制、领域限制及法律法规限制等权利限制。

8）企业认为有必要披露的其他数据资源相关信息。

允许自愿披露的目的在于基于数据资源的特点为企业提供就数据资源的价值、应用场景、合规性等问题作出进一步披露的途径。自愿披露机制为企业提供了在强制披露以外进一步全面对外揭示公司的数据资源的价值、合法合规性等信息的机制。但企业需注意自愿披露是一把双刃剑，尤其是上市公司需对信息披露的真实性和充分性高度重视，特别是要注意虚假陈述可能导致的法律风险。

2.6 《暂行规定》不溯及既往

《暂行规定》在附则中明确指出，在《暂行规定》施行前已经费用化计入损益的数据资源相关支出不再调整。上述规定源于现有无形资产准则的规定，即内部开发形成的无形资产的成本仅包括在满足资本化条件的时点至无形资产达到预定用途前发生的支出总和，对于同一项无形资产在开发过程中达到资本化条件之前已经费用化计入损益的支出不再进行调整。因此，即使某项数据资源在《暂行规定》的首次施行日满足无形资产的确认条件，企业也不应在首次施行日将以前期间已经费用化的数据资源重新资本化。

这一点决定了在《暂行规定》正式生效后不太可能马上出现大量数据资产入表的情况，只有在 2024 年 1 月 1 日之后形成的符合数据资产相关要求的数据资源方能入表。因此，虽然全国各地数据资产入表工作开展日益加速，也有很多数据资产入表的媒体报道，但总体上大多数持有数据资源的公司尚未在第一时间开展数据资产入表工作。

此外，还有一个重要问题是，数据资产入表是企业的权利还是义务，是"必答题"还是"选择题"。我们认为，《暂行规定》是财政部制定的具有法律效力的文件，不区分企业类型，因此符合《暂行规定》中入表要求的情况均应当遵照执行，且《暂行规定》也未规定豁免情形。财政部《关于加强数据资产管理的指导意见》所提出"稳步推进国有企业和行政事业单位所持有或控制的数据资产纳入本级政府国有资产报告工作，接受同级人大常委会监督"这一条的影响或将很大，如推进将国企的数据资产纳入政府国有资产报告并接受监督，将督促国有企业对数据资产入表充分评估，而不能随意对待数据资产入表问题。当然，数据资产入表是一个新生事物，对其重要意义的认识和落地实施需要一个过程，企业数据资产入表的普遍开展不会一蹴而就。但是无论如何，面向人工智能社会和数字经济的未来加速到来，企业有必要梳理和盘点自身的数据资产，谨慎评估和论证数据资产的处理，这从根本上有助于企业更加重视数据并挖掘数据的价值和进行数字化转型。

2.7　数据资产评估与数据资产入表的关系

数据资产入表与数据资产评估并无直接关系。数据资产入表是客观的会计核算过程，满足资产确认条件的数据资产即可根据《暂行规定》的要求，以成本法进行列报与披露。而数据资产评估一般是对评估基准日出于特定目的下的数据资产价值进行评定和估算。[一]数据资产评估虽是发掘数据资产市场价值的方法，有助于提高企业数据资产管理能力和效率，但其本身并非数据资产入表的前置程序。恰恰相反，数据资产评估一般发生在数据资产入表之后。根据《暂行规定》，数据资产账面价值的确定以其形成所耗费的实际成本为依据，即符合确认标准条件下企业对相关数据资源投入的全部实际成本的总和为入表数据资产的账面价值，并不需要通过评估来确认相关数据资产的公允价值。而对于数据交易供方来说，已入表的数据资产账面价值亦不能根据后续的交易价格再作调整。

只有在特定场景与特定目的下，如企业的交易相对方、提供金融支持的第三方金融机构或者主管单位需要了解经由专业资产评估机构测算的标的数据资产的市场价值时，企业才需要对标的数据资产进行评估。这是因为，在上述目的中，企业需要相关数据资产的公允价值，以作为企业商业决策的依据。其中，在可预见的将来，为实现数据资产衍生金融化利用而对相关数据资产的价值进行评估或将成为未来数据资产评估的主要需求。数据资产不仅可以以数据产品的形式用于直接交易，还可以作为非货币资产用于融资增信、作价出资入股、信托管理、增资乃至证券化等金融化利用，即数据资源的资本化。在这一过程中，数据资产评估是必需的。

例如，2023 年 8 月 30 日，青岛华通智能科技研究院有限公司（简称"华

[一] 参考了赵丽芳和徐彦尧的文章《数据资产入表十问十答》，该文于 2023 年 10 月 12 日载于微信公众号"上海数据交易所"，访问链接为 https://mp.weixin.qq.com/s/QK7IkXU0nvz0UdrlS-DJo2w。

通智研院"）、青岛北岸控股集团有限责任公司（简称"北岸控股"）、翼方健数（山东）信息科技有限公司（简称"翼方健数"）进行全国首例数据资产作价入股签约仪式。该数据资产作价入股路径分为登记、评价、评估和入股四个环节，每个环节依据相关标准和指导文件予以实施：一是对经由合规审查通过后的数据资产进行登记；二是在《数据资产价值与收益分配评价模型》标准的指导下，通过建立评价模型来评价数据资产的质量；三是对数据资产的价值进行评估；四是在三方合力下推动数据资产作价入股，华通智研院、北岸数科（北岸控股子公司）和翼方健数三方成立合资公司。

同时我们要知道，数据资产评估并非只能发生在数据资产入表后。日常经营中，企业出于对持有的、尚未确认为资产的数据资源进行管理、盘点的目的，也可以聘请评估机构对相关数据资源的价值进行评估。但由于此时数据资源尚未被正式确认为资产，故企业不能以该数据资产评估结果为依据将相关数据资源用于信托、投资、增信贷款等金融化利用。

现阶段，如何准确地评估数据资产仍然是一个难题，有待理论和实践的进一步探索。数据要素市场尚处于建设中，数据交易模式尚不成熟，交易总量及交易频次不高，欠缺对场内外数据交易市场的客观真实统计，数据资产的公允价值存在争议，前述的数据交易的真实性、应用价值如何可信验证也缺乏基础设施支持，这都给数据资产评估带来了相当大的困难和阻力。如前所述，国务院国资委在《关于优化中央企业资产评估管理有关事项的通知》中明确，对数据资产价值确难评定估算的，允许央企通过挂牌交易、拍卖、询价、协议等方式确定交易价格，这是国家层面对现阶段数据资产评估客观情况的承认。

中国资产评估协会分别于 2020 年 1 月和 2023 年 9 月发布《资产评估专家指引第 9 号——数据资产评估》和《数据资产评估指导意见》，明确数据资产评估的相关事项要求，确认数据资产价值的评估方法为收益法、成本法和市场法三种基本方法及其衍生方法。

上述两个文件均明确规定，数据资产是指特定主体合法拥有或控制的，能进行货币计量的，且能带来直接或间接经济利益的数据资源。《数据资产评估指导意见》还进一步明确评估机构应当了解数据资产的法律属性，主要包括授权主体信息、产权持有人信息，以及权利路径、权利类型、权利范围、权利期限、权利限制等权利信息。这既是企业在进行数据资产入表工作时应关注的重点，也包含在企业数据合规经营的范围之中。

| 第 3 章 | CHAPTER

数据资产入表与数据确权

数据确权是数据资产入表的前提和基础。如果企业不能确认数据权利，那么即使企业完成了数据资产入表，亦会被外界质疑，存在法律风险。因此，如何实现数据确权是每个拟入表企业在开展数据资产入表工作时必须解决的问题。

为此，本章将对目前我国的数据权属制度情况进行分析，论证在数据权属制度尚未建立的情况下企业进行数据确权的可行路径。此外，本章还会对目前企业进行数据确权工作的主要路径进行分析。

3.1 数据权属界定

数据资产入表必须符合《企业会计准则——基本准则》的四要素要求，其中数据权属的要求即相关数据资源是由企业合法拥有或控制。解决数据权属问题、证明企业对数据资源具有合法性有两种路径：一是证明企业合法拥有；二是证明企业合法控制。

数据权属问题通常被称为数据确权或数据产权问题，其宗旨是针对不同来源的数据，厘清各数据主体之间错综复杂的权利关系，通过对数据处理者等赋权，使其对数据享有相应的法律控制手段，从而在一定程度或范围内针对数据享有排除他人侵害的权利。[一]在2021年年初的抖音诉腾讯不正当竞争案中，腾讯认为自己"拥有部分用户数据的所有权"，而抖音则认为"用户对自己的数据拥有绝对的、可完全控制的权利，应该远远高于平台的权利，用户数据不应该成为腾讯公司的私产"。数据权属问题的疑难造成企业不知道向何处取得授权、是否应当取得授权的困惑，也是数据交易的主要障碍，因为市场主体不能去交易不属于自身或者存在权利瑕疵、权利不确定的数据产品。可以说，在数据法律关系中，数据产权是数据流通交易、收益分配和安全治理等其他数据基础制度的前提。有学者认为，即使不确权，也可以通过反不正当竞争法等责任法进行保护，即先不确权，大家都可以免费使用，如果产生争议，由法院来判决是否要金钱赔偿。

笔者认为，数据是第五大生产要素，应当认可数据之上所承载的财产性权利，并以此作为数据流通利用中所产生利益的分配基础。如此方能有效激发企业参与数据流通利用的意愿，提高数据要素市场的活力，加速数字经济的发展。虽然数据权属制度不是数据流通、加工、利用的当然前提条件，但是如果不能解决这个问题，数据交易、数据共享等数据流通利用、数据的资产化和资本化等都将受到或多或少的影响。对此，学界亦有观点认为："通过已经达成共识的实操性法律条文和审慎包容的监管规定清晰界定数据主体、数据持有者、数据控制者、数据处理者、数据使用者、技术提供者等数据利益相关方的权利界域，不仅是加快培育数据要素市场的基石，亦是实现科技创新与数据保护动态平衡

[一] 参考了王利明的文章《数据何以确权》，载于《法学研究》2023年第4期。

的关键。"[一]

《中华人民共和国民法典》(简称《民法典》)第一百二十七条明确规定,法律对数据、网络虚拟财产的保护有规定的,依照其规定。《中华人民共和国数据安全法》规定了数据权益应得到保护,第7条明确"国家保护个人、组织与数据有关的权益"。可以认为,数据权益具有人格权利益与财产权利益双重属性。《中华人民共和国个人信息保护法》也并未排除数据的财产权利益。最高人民法院已经明确,依法保护"数据要素市场主体以合法收集和自身生成数据为基础开发的数据产品的财产性权益"。[二]涉及个人标识的数据,在不侵犯个人隐私和符合告知同意等要求的条件下并未被禁止交易。当然,《民法典》第一百一十条规定,自然人的个人信息受法律保护,且《民法典》专设第四编第六章"隐私权和个人信息保护"做了进一步的规定。此前全国人大常委会2009年2月通过的《中华人民共和国刑法修正案(七)》,首次规定了出售、非法提供公民个人信息罪和非法获取公民个人信息罪。2015年8月通过的《中华人民共和国刑法修正案(九)》又对此进行了完善,将两项罪名整合成侵犯公民个人信息罪并对犯罪主体的范围进行了扩大。因此,在承认数据财产权益的同时需注意信息主体人格权利益的保护。数据往往是多方主体共同参与和协作生产的结果,面临多重主体的多元权利主张,既涉及提供数据内容的数据来源主体的正当权益,也包括提供数字化载体的数据处理者的财产性利益。目前,虽然理论界与实务界就数据确权的具体模式的探索尚未达成一致,但对于数据权属的确认不能简单套用传统的以所有权为核心的确权体系,应以权利束的模式展开,这已经是各方共识。

笔者在本书中不对数据权属做过多的学理分析,但认为,在构建数据确权

[一] 来源:蒋洁,《培育发展数据要素市场的疑难问题与法律应对》,《图书与情报》2020年第3期。

[二] 来源:《最高人民法院关于为加快建设全国统一大市场提供司法服务和保障的意见》,法发〔2022〕22号。

规则时，应当充分认识到现有的权利确认体系已经不能满足数据确权的需要，数据确权规则的构建需要超越现有的立法。在进行数据权属确认时，一味套用旧规则反而会阻碍数据的流通与利用。对于数据权属确认的具体规则，由于数据的类型复杂、边界模糊、性质多样，数据相关权利体系复杂甚至冲突，数据确权界定存在一定困难。

具体来说，数据生产链条涉及多个参与者，每一个参与者在各自的环节赋予数据不同价值。在大多数情况下，数据发挥作用、产生价值需要数据控制处理者（如网络平台）对数据进行采集、加工、处理和分析，因此，数据提供者对于数据的各项权利需要数据控制处理者的支持和配合才可有效行使。国内外的研究者普遍认为，赋予某一参与者专属的、排他性的所有权不可行，需要在数据提供者、数据控制处理者等参与者之间进行协商和划分，确定各权利之间的边界和相互关系。数据权利内容还会随着应用场景的变化而变化，甚至衍生出新的权利内容，使事先约定权利归属变得困难。在海量数据时代，数据控制处理者对于每一个数据包含的复杂权利内容进行协商会带来巨大的交易成本，需要有一套简易可行的规则，才能使数据利用成为可能。另外，需要有负面清单思维的底线，例如企业的商业秘密和承载个人信息的个人数据。就个人数据而言，由于其中包含个人隐私，数据控制处理者在处理数据过程中需要充分考虑如何保护好个人隐私权利。

归根结底，数据的价值在于流通和利用，数据权属确认规则应当服务于数据要素市场的建设，在实现各方主体间权益平衡的同时，促进数据的流通与利用、支持数据复用与创新，才能体现数据确权制度的真实价值。对此，全国人大常委会于2023年9月发布的《十四届全国人大常委会立法规划》中，将"数据权属和网络治理"的立法工作列入了"第三类项目"，即"立法条件尚不完全具备、需要继续研究论证"。这体现出数据权属制度的复杂性，现阶段对数据权属规则的研究尚不充分，有待理论与实践的进一步探索。

3.2 "合法拥有"路径的数据确权难题

如前所述,目前我国尚未在法律层面明确数据权属制度,数据权属问题存在较大争议,以企业对拟入表数据资源享有"所有权"而作为数据资产入表的依据缺乏明确的法律根据,并不能据此论证企业数据资产入表行为的正当性。这是因为,传统所有权体系的核心系支配和排他,即借助占有或登记等形式,使特定客体与所有权人之间的支配关系形成清晰的权利边界和外观,赋予所有者自由支配、处分特定客体的权利。具体分类分析如下。

3.2.1 物权

物权作为传统财产权的一种,其权利规则已相对成熟,可以在各类场景下明确"物"的归属。但对于数据权属来说,不能直接套用物权制度,原因如下:

第一,物权需遵循"物权法定"之原则。现阶段,我国《民法典》第一百一十五条将"物"限定为"不动产或动产"这样的有体物或有形物,包括固体、液体、气体等。数据作为"任何以电子或者其他方式对信息的记录",受记录方式的影响,以各类载体(例如书籍、CD等)为表现形式。但需注意,在确认数据的权利归属时,应当将其与载体进行区分。而在将数据的载体剔除后,数据本身是看不见、摸不着的,因此它并不属于《民法典》所规定的"物"的范畴。根据"物权法定"原则,现阶段数据并不能作为物权的客体,数据权利的确定也就无法直接适用《民法典》物权编的相关规则。

第二,物权作为传统所有权体系下的一种典型权利,其特征为支配性和排他性,而数据本身的特点决定着其具有典型的可复制性和非排他性,这亦与"物权"存在本质区别。此外,基于物权的支配性与排他性,衍生出了"一物一权"的原则,即在同一物体上只能设定一个所有权。与之相对,数据可以无限复制与传播,同一数据可以同时为多个主体持有、使用和处分,这导致数据权利的设置很难遵从"一物一权"原则。

第三,现阶段数据无法具备物权体系下权利外观的基础,自然难以享有公示效力。由于物权具有绝对性,所以其必须通过具体外观向世人展示特定权利主体与特定物之间的直接联系。倘若缺乏权利外观基础,则公众难以实现对某一物上物权状态的了解与确认,物权的对世性与绝对性自然也就无法实现。根据《民法典》,不动产的权利外观为登记,动产的权利外观为占有。而现阶段,从登记这一形式看,目前我国并未形成统一的数据登记制度,数据登记的效力亦未获得法律的确认。从占有这一形式看,传统物权法是建立在"有体物/有形物"的基础上的,某一特定的物不具有可复制性和无限使用性,因此"占有"(即对某物的实际控制与支配)可以达到保护和公示的功能。但如前所述,数据作为"无形物",可由多个主体控制和支配,故难以辨别究竟是何主体真正"占有"了数据。

第四,数据的价值在于流通,赋予数据参与者完全专属的、排他的物权并不利于数据要素价值的实现,反而有可能引发"数据孤岛"[⊖]的现象,阻碍数据在各主体间的高效流通。

3.2.2 知识产权

知识产权的客体虽然亦具有无形性和可复制性,但其核心系保护创新,而对于数据来说,未凝结人类创造性智力成果的原始数据的相关权利仍应受到保护,故数据确权亦不能适用知识产权的确权规则。2016 年 6 月,《中华人民共和国民法总则(草案)(一次审议稿)》将"数据信息"列为知识产权客体。然而,这一条款在二次审议稿中即被删去,此后的三次审议稿和最终颁布的《中华人民共和国民法总则》《民法典》中均未再现该条款。这种删减表明立法层面最终并未采纳知识产权模式对数据进行规制,而是将其与网络虚拟财产并列,单独规定。因此,数据交易可以参考和借鉴知识产权市场建设经验,但无法简单纳

⊖ 数据孤岛是指各主体间数据相互独立、难以共享与整合的状态。

入知识产权交易框架。[一]

此外，在知识产权体系中，其确权本质为通过客体界定和注册登记建立权利外观体系，以人为制定创新成果保护治理规则的形式在无形财产上建立支配和排他体系。虽然无形财产"无体"，并非天然具有支配和排他属性，但以知识产权为代表的无形财产权属确认制度在本质上仍然符合物权体系的基本理念和判断标准。加之数据往往是对已发生事实的客观记录，并不一定有创造性的智力投入，因此知识产权体系对数据的保护范围极为有限。目前在实践中，传统知识产权体系对数据的保护主要体现为表 3-1 中所列出的几种形式。

表 3-1 传统知识产权体系下对数据的保护形式

权利类型		保护形式
知识产权	著作权	数据汇编作品
	专利权	数据运算技术方案
	商标权	—

对于著作权保护，在（2016）粤 06 民终 9055 号案件中，佛山中院认为白兔公司对数据的编排和整理具有独创性，因此案涉数据库构成汇编作品，受著作权保护。[二]但在这样的保护模式下，企业数据若想获得著作权保护，则首先要满足汇编作品的形式要求，即应当是若干企业数据所组成的数据集合，而不能是特定的数据个体；而且，这些企业数据集合还必须满足汇编作品在编

[一] 参考了王建冬的文章《完善数据资产新蓝图，释放数据要素新价值》，该文于 2022 年 12 月 20 日载于微信公众号"深圳数据交易所"，访问链接为 https://mp.weixin.qq.com/s/lcQakFmJ_Uo7Mm8NXfJDUA。

[二] 原审原告白兔公司致力于商标信息查询系统的研究开发工作，公司自 2001 年成立后，持续编辑录入国家商标局的商标公告信息累计达 1200 余万条，汇编并建立了商标信息计算机数据库系统，有偿供用户查询，并对外销售查询系统。对于其数据库能否受到著作权保护的问题，佛山中院认为，白兔公司对国家商标局商标公告中的商标信息内容进行提取、分类和整理，并对商标标志中所含的文字、数字等进行进一步提取和整理，同时还对商标信息后续的变更情况进行汇总，加入自定义的字段信息等，这些对商标数据的编排和整理体现出独创性，因此白兔公司的涉案数据库构成汇编作品，可受著作权法保护，白兔公司对涉案数据库享有著作权。

排上的独创性要求，缺乏独创性的企业数据集合无法获得著作权法的保护。这无疑与保护企业合法数据权益、探索数据确权机制、促进数据流通的思路相悖。

对于专利权保护，《专利审查指南》对"涉及人工智能、'互联网＋'、大数据以及区块链等的发明专利申请"作出了规定。[一]根据《专利审查指南》，能够成为专利法保护对象的算法程序不能是生成企业数据的"单纯算法"，须是算法程序与特定程序硬件或应用场景相结合的技术方案，因为"单纯算法"接近于《中华人民共和国专利法》（简称《专利法》）排除范畴之中的"智力活动的规则与方法"。但在企业数据的运算生成实践中，能满足专利授权条件的技术方案仅仅是众多算法程序中的一小部分，更多的则是不具备可专利性的"单纯算法"，难以通过《专利法》对其进行有效保护。

3.2.3　数据知识产权

2021年10月9日，国务院印发《"十四五"国家知识产权保护和运用规划》，提出将研究构建数据知识产权保护规则。2022年11月17日，国家知识产权局办公室发布《关于确定数据知识产权工作试点地方的通知》，确定北京市、上海市、江苏省、浙江省、福建省、山东省、广东省、深圳市等8个地方作为开展数据知识产权工作的试点地方，2024年以来又有更多的省市。现各地逐步开展数据知识产权登记试点工作，其登记逻辑为建立一种"赋权登记"或者"登记赋权＋行为规制"的模式和思路，既建立一种有限排他性权利，以行为规制的方式规制他人以不正当方式获取和使用数据，又不禁止他人依法依规获取并且加工形成的同样数据。数据知识产权登记制度的核心思想亦是淡化所有权概念，而强调数据的使用权。

由于数据知识产权登记制度尚处于试点与探索阶段，目前亦有不少观点质疑数据知识产权登记的效力。例如：数据知识产权登记工作开展所依据的规

[一]　参见《专利审查指南》第二部分第九章第6节"包含算法特征或商业规则和方法特征的发明专利申请审查相关规定"。

范性文件效力层级较低，在没有法律依据的情况下能否创设一种新的知识产权类型；数据登记后产生的法律效力有待商榷；数据知识产权登记平台不需要申请登记人对其拟登记的数据提供第三方合规评估意见，仅作形式审查和外部异议期安排，故将登记凭证作为登记者享有数据权利的背书缺乏可信赖性；等等。

2023 年 12 月 14 日，北京互联网法院依法组成合议庭，公开开庭审理数据堂（北京）科技股份有限公司（简称"数据堂公司"）与隐木（上海）科技有限公司（简称"隐木公司"）著作权与不正当竞争纠纷一案。原告数据堂公司认为，其已将案涉数据集于"北京知识产权保护中心 & 北京国际大数据交易所"进行了数据知识产权登记，而被告隐木公司则在未经其授权的情况下非法获取案涉数据集并在官方网站上向公众传播，应当承担相应责任。㊀对此，该案审判长、审管办（研究室）负责人李文超表示："这是北京互联网法院建立'1+3'巡回审判机制以来巡回审判'第一案'，也是全国首例涉及行政机关《数据知识产权登记证》效力认定案件。"该案经北京互联网法院一审㊁、北京知识产权法院二审㊂，最终认定隐木公司侵犯数据堂公司数据权益，构成不正当竞争。北京知识产权法院在终审判决书中的主要观点如下：

第一，案涉数据集系对原始数据提炼整合、分析处理得到，较原始数据其使用价值得到提升，其本身具有受法律保护的财产性权益，但基于"财产权法定原则"，因《民法典》第一百二十七条之规定系引致规范和宣示条款，并未将

㊀ 原告数据堂公司认为，其为专业从事人工智能领域数据服务的科技创新企业，花费大量人力财力录制了 1505 小时普通话收集采集语音数据，拥有该数据集的知识产权、数据权益等合法权益，该数据可供企业、高校等机构用于研究语音识别等人工智能技术。数据堂公司通过授权第三方使用该数据，收取授权许可费用获得收益。被告隐木公司与原告同样从事人工智能领域数据服务，非法获取原告收集采集的语音数据集，并在官方网站向公众传播，应当承担停止侵害、赔偿损失等民事责任。
被告隐木公司辩称，数据堂公司诉请保护的数据财产权益并无法律依据，数据堂公司未能证明其收集的敏感个人信息取得了单独同意，应当认定收集的数据不合法；涉案数据集为互联网上完全公开的开源数据集，因此隐木公司取得的涉案数据集具有合法来源；隐木公司也未侵害数据堂公司的交易机会，不会获得任何商业利益。

㊁ 一审案号：（2021）京 0491 民初 45708 号。

㊂ 二审案号：（2024）京 73 民终 546 号。

"数据"作为一种类型化的民事权利（即绝对财产权）而规定其权利内容，因此数据堂公司可主张对案涉数据集享有法律保护的合法权益，但不得依据《民法典》第一百二十七条之规定类推适用《著作权法》主张相关权项；

第二，案涉数据集在展示方式及布局编排等方面并未体现出独特构思，不属于《著作权法》保护的汇编作品；

第三，因数据堂公司已主动公开了案涉数据集，丧失了秘密性，因此不再属于商业秘密；

第四，数据堂公司合法收集了相关原始数据，并通过人财物等实质性投入形成了案涉数据集，对此享有《反不正当竞争法》所保护的合法权益，而隐木公司的被诉行为违反了案涉开源协议的非商业目的使用规则，违背了数据服务领域的商业道德，损害了数据堂公司的合法权益及消费者利益，扰乱了数据服务市场竞争秩序，构成了不正当竞争行为。

本案两审判决结果的主要差异在于对案涉数据集是否构成商业秘密，对于案涉数据知识产权登记证书的效力，两级法院达成了共识：北京互联网法院指出，数据堂公司提交的登记证书能够证明涉案数据集归其收集且持有，是该数据集的权利主体。北京知识产权法院进一步表示，数据堂公司就涉案数据集取得的登记证书，可作为证明数据堂公司享有该数据集相关财产性利益的初步证据，同时还可作为涉案数据集收集行为合法的初步证据。对此，亦应认识到，法院并未据此即认定数据堂公司对案涉数据集当然享有著作权或其他财产性权利，数据知识产权登记起到的是固定证据的作用，其本质与公证机关固定证据的性质类似，可以在一定程度上减轻当事人的举证负担，便于企业采取司法手段维护合法权益。但倘若对方提出了足以推翻数据知识产权登记证书所证明事实的相反证据，则法院将很有可能不再认可其证明力。正如本案审判员李迎新所解释的："数据知识产权登记的操作中，对申请公司提交的书面材料一般仅进行形式审查，那么就不可能像不动产登记那般，赋予数据知识产权登记在权属和合

法性上不容否认的证明力，于是被告可以对数据知识产权登记的效力提出质疑。"[一]

对此，我们初步认为，数据知识产权的探索有一定积极意义，毕竟数据资源权利属于新型权利类型，对于将其纳入何种权利类型加以何种保护可持开放态度。对于在传统知识产权保护范围内的数据资源，可以按照现行知识产权法加以保护。而对于其他不符合现行知识产权标准的数据资源，创设一种新的与传统知识产权有很大性质特征差别的数据知识产权，以将其纳入知识产权范畴是否有实际意义？对有一定知识产权创新性特征的数据资源可能具有意义。那为何不创设一种全新的数据权利在未来法律上加以特别保护？首先，问题依然是在没有上位法的情况下通过目前的数据知识产权登记来实现确权缺乏法律依据，因此个别地区做了调整。例如，上海市知识产权局、上海市数据局于2024年11月8日公布《上海市数据产品知识产权登记存证暂行办法》，强调存证和对数据产品创新性的实质性核查，这与其他区域有一定区别。但是在数据来源合规的审查方面，各地目前基本未要求强制性合规评估。

其次，值得关注的是，国家数据局2024年9月27日公开征求意见的《关于促进企业数据资源开发利用的意见》指出："保护企业通过实质性创造依法享有的各类智力成果的知识产权，健全数据领域知识产权保护机制。"该提法与数据知识产权的提法有一定区别。

3.2.4 新型民事权利——数据产权

亦有普遍性的观点认为数据权利是一种新型民事权利。该民事权利可以划分为属于人格权的个人信息权（《民法典》第一百一十一条、第一千零三十四~一千零三十九条，区分于隐私权）和属于财产权的数据财产权益（《民法典》第一百二十七条）。一般认为，所谓数据权属主要是指后者即数据财产权

[一] 参见杨柳的文章《数据证书效力首获司法认定，法官：回应数据流通需求》，2024年7月20日载于微信公众号"隐私护卫队"，访问链接为 https://mp.weixin.qq.com/s/BmJf8Oy-8nrLm4lEfZN7dsw。

益的归属，可以称之为"数据产权"。"数据二十条"对数据产权提出了基本思路，建立数据资源持有权、数据加工使用权、数据产品经营权"三权分置"体系。具体如图 3-1 所示。

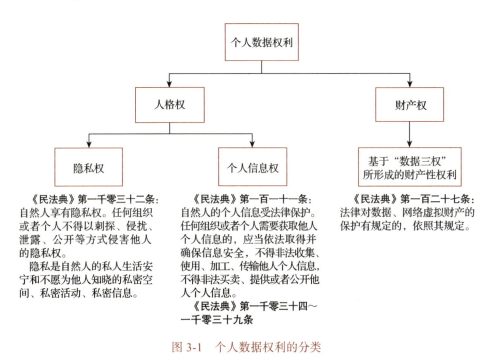

图 3-1　个人数据权利的分类

但需注意，《中华人民共和国立法法》第十一条第八款规定，民事基本制度只能由法律规定。数据权属制度毫无疑问属于民事基本制度，应当由且仅由法律作出规定。《民法典》第一百二十七条的规定系引致规范和宣誓条款，未将数据作为绝对财产权而规定其权利内容。因此，目前在法律层面并无对数据权属确认的明确规定，这就造成了数据确权制度的法律层面缺失，不能对数据确权提供明确清晰的法律条款支持。

"数据二十条"对数据产权的思路在国家数据局制定并在一定范围内征求意见的《关于建立健全数据产权制度的若干意见（征求意见稿）》中得到进一步体现，该征求意见稿在完善促进数据采集生成的产权配置部分明确，数据处理者对其在自身或共同参与的生产及经营活动中合法采集的数据享有持有权、使用权和经营权。保障数据来源者获取或复制转移由其促成产生数据的权益，保障其对相关数据的持有权、使用权和经营权。

国家数据局 2024 年 9 月 27 日公开征求意见的《关于促进企业数据资源开发利用的意见》规定"（一）完善企业数据权益形成机制。企业对其在生产经营过程中形成或合法获取、持有的数据，依法享有法律法规规定的、民商事合同或行政协议约定的数据权益。推动数据持有权、使用权、经营权等分置运行，鼓励探索市场化、场景化的'授权使用、分享收益'新模式。企业行使数据权益应当遵守法律法规，遵循诚信原则，不得危害国家安全和公共利益，不得损害他人的合法权益"，再次明确了三权等分置运行的思路。

但是需要注意的是，"数据二十条"也是政策性文件，因此数据产权和数据知识产权同样面临不能作为确权的直接法律依据的问题。两种路径的协调有待进一步研究，数据产权思路或是未来的方向，但是亟须通过政策法律化的路径尽快落地。

此外，一些地方也在"数据二十条"后对数据产权做出了探索。例如，深圳市发展改革委颁布的《深圳市数据产权登记管理暂行办法》第七条明确，登记主体对合法取得的数据资源或数据产品享有相应的数据资源持有、数据加工使用和数据产品经营等相关权利。这是国内首次在规范性文件中直接引述"数据二十条"提出的三种数据权利。但这只是在表述上照搬"数据二十条"的三个概念，并非《民法典》等法律确认的具体民事权利。⊖

3.3 "合法控制"的数据确权路径的相对可行性

如上文所述，目前我国数据权属确认在法律层面上尚不明确，因此笔者认为证明企业合法拥有拟入表数据资源从而完成数据资产入表正当性解释的道路

⊖ 参考了程啸的文章《论数据产权登记》，载于《法学评论》2023 年第 4 期。

难以走通。相反，**笔者认为证明自身合法控制数据资源是企业将数据资源确认为数据资产的可行路径，这样在法律实务上，现行法律下的"数据确权"问题也就可以转变为企业证明其合法控制拟入表数据资源的问题。也就是说，虽然企业在法律上并不拥有某项资源的所有权，但企业根据合同等法律文件或者通过自行生产、合法收集或共同参与生产经营活动合法实际控制了该项资源，能够依法依约使用该项数据资源，且能够借此获取经济利益。**

从形式上看，"控制"意味着企业能够在生产经营活动中自主利用该资源，能够对数据进行处理以谋求经济利益，企业需要从多个角度证明其能够合法控制拟入表的数据资源。例如：对于企业自行生产的数据，企业应通过系统日志等方式记录数据产生各环节，证明数据系自行生产，且存储相关数据的系统应由企业实际控制并运行等；对于来源于外部、非企业自行生产的数据，企业应具有能够证明企业合法控制数据资源的法律文件，包括企业与数据主体、数据提供方及其他涉及数据相关方之间明确约定企业享有该等数据资源相关权利义务的协议、授权书或其他法律文件等。

从实质上看，"控制"意味着企业能够合法依约利用和处理数据并享有与该项资源相关的经济利益，承担相应的风险。企业应确认对该项数据资源的处理合法合规，且未超过必要的范围，具备对数据资源处理合法合规的自查自纠流程。如部分企业虽然取得了数据提供者、数据主体在数据收集阶段及特定数据处理目的下的授权或同意，但并未取得在后续其他目的下对该等数据资源进行加工处理的授权，企业实质上可能并不具备处理该等数据资源并获得相关经济利益的依据，在无其他补充证明的情况下，不能认为企业合法控制该等数据资源。再如企业如果是受托处理者，则要确认是否遵循了委托处理协议中的限制性约定，是否有权自行加工使用，是否数据产品已经排除了商业秘密等。

企业能够"承担相应的风险"意味着企业应当具备健全的数据合规管理制

度，且具有相应的技术手段确保只有经授权人员可以访问该等数据资源，确保数据资源的安全性、完整性和可追溯性，在实质上"控制"该等数据的流通利用，不会受到未经授权的访问、利用及泄露。在实践中，企业可以将数据合规管理体系情况、技术安全保障能力证明、企业内部审计机制、数据处理流程监控等作为自身对数据资源合法"控制"的证明。

笔者的上述关于通过证明"合法控制"数据资源来确权的思路在国家数据局 2024 年 9 月 27 日公开征求意见的《关于促进企业数据资源开发利用的意见》中得到认可。该意见指出："完善企业数据权益保护机制。保护企业对其合法持有数据的开发利用、经营收益、流通交易等合法权益。企业有权依法或依合同约定，自主或委托他人基于其合法持有数据开发数据产品或提供数据服务。鼓励企业采取共享开放、交换交易、资源置换等多种方式流通数据，促进数据产品和服务创新开发、高效流通和价值复用。"

3.4 数据确权的方式

数据确权是企业数据资产入表的基础和前提，但是对于具体怎么确权目前并无规定。因数据资产入表本身为企业的内部动作，并无法律和监管规定要求企业采取强制性动作，只需企业自身判断确认其数据资源的权属，即可将数据资源对应的历史成本计入资产负债表。但已入表的数据资产需经得住企业审计的审核要求，在对其进一步进行金融化利用（如数据资产质押、数据资产信托、入股出资等）以及对相关数据资产进行评估时，企业需要向资产评估机构提供已对其实现合法控制的证明。对于如何证明企业实现了对拟入表数据资产的合法控制，目前并无立法上的明确规定，实践中，企业进行数据确权的方式多种多样，目前主要有表 3-2 中列出的几种。

表 3-2　企业进行数据确权的主要方式

如何证明企业对相关数据资源的控制	自证	企业自行判断是否能够合法控制相关数据资源			在后续利用时难以向外界提供有效证明
	他证	企业聘请第三方机构对相关数据资源进行评估		自行生产	
			外购	场内交易	一般会要求卖方在出售前先行对相关数据产品进行评估
				场外交易	无强制评估要求，需买卖双方自行协商
		企业对相关数据资源进行登记	目前并未强制要求在登记前即对相关数据资源进行第三方评估		目前尚处于试点阶段，缺乏法律层面的依据，登记效力不明

其中，企业自证方式是企业自己根据法律对数据资源进行权属判断，但因企业的法律合规能力差异较大，故自证的说服力较低。企业通过对相关数据资源进行登记系直接的"数据确权"证明方式，例如，数据知识产权登记或数据产权登记即试图通过公权力或准公权力背书，证明企业对登记的数据资源享有合法权益。但是，如前所述，权利通过登记方式来确认需要法律层面的规定，而目前没有明确的法律规定支持，因此此类所谓确权登记实质上不能产生法定的确权效力。值得关注的是，此类权利登记中登记受理机关往往不要求登记者就其拟登记数据进行强制性第三方评估，不对拟登记数据的权利状态等进行实质性核查，仅规定一定的公示期供第三方提出异议，因此这种形式性审查的登记的效力和价值易被质疑。[⊖]

企业聘请律师事务所作为第三方中介服务机构对拟入表的相关数据资源进行合规评估、出具法律评估意见，是在法律没有明确规定以及数据合规证明难以穷尽的特殊背景下的一种有效增信手段。这是企业主动寻求合规、立足实质性法律核查的一种做法，第三方中介服务机构的法律评估意见虽然不能直接作

⊖ 例如：数据的无形性和非排他性导致数据的原本和副本难以区分，同一数据产权因此存在被多次登记的可能；登记对象是原始数据、数据集合、数据产品中的一种或多种，与其他市场要素的登记亦具有明显区别。

为数据资产确权的依据，且存在一定的局限性，但是第三方中介服务机构对数据来源、企业数据治理合规性的实质性法律核查和相应整改，可以有效帮助企业建立对自身数据资产的合规自信，并在需要时向外界证明企业对相关数据享有完整且无瑕疵的合法控制及相应权益，从而防范潜在的法律风险。

企业在聘请第三方中介服务机构对数据合规相关问题进行实质性核查并帮助企业整改后，显然能够实现企业的数据合规，解决数据确权问题。即使不能将第三方中介服务机构出具的法律评估意见直接作为确权文件，在发生争议后，有关司法、仲裁或行政机构在对争议进行审理或调查时，也是依据现行法律法规进行实质性核查后确认企业是否具有相关权利。例如实践中，通过规范的数据交易所进行挂牌交易的数据产品，因为挂牌交易需经规范的数据交易所认可的第三方合规评估服务商出具合规评估报告，对数据产品进行实质性核查的合规评估，所以通常可以初步认为具备企业合法控制的外观。

无论是何种证明方法，均以企业实现数据合规为底层基础和依据。在数据资产入表阶段，就企业合法拥有或控制相关数据资源的问题，虽然并不需要强制性提供相关证明，但企业需要具有相应的判断依据。如果没有实现对数据合规的实质核查，最终企业将难以证明自身对相关数据资源享有合法控制权和财产性权利。因此，数据合规是底层基础和依据，只有在实现数据合规的前提下，企业才能确保对相关数据资源所享有的控制权和财产性权利没有瑕疵，避免潜在风险。否则，企业数据资产草率入表的行为反而可能增加企业尤其是上市公司被认定为侵权、承担赔偿责任等的法律风险。

综上所述，依照我国现行的会计准则，从法律合规的视角看，财产被确认为资产计入资产负债表可以通过其被企业拥有或被企业合法控制两条道路实现。但在现阶段，由于我国法律上的数据权属制度尚不明确，企业无法通过证明对数据资源享有所有权这一方式完成数据资产入表，因而可行的方式是证明企业合法控制相关数据资源以为数据资产入表提供正当性基础。而企业合法控制相关数据资源的证明与企业数据合规密不可分，二者本质上为结果与过程的关系。因此，数据合规对企业尤为重要，是企业合规生产经营所必需，亦是企业进行数据资产入表和数据资产管理等的基础和依据。

3.5 "数据二十条"对数据确权的影响

在数据确权立法缺失的背景下，对于企业到底享有何种数据权益，可以"数据二十条"为借鉴和参考。"数据二十条"以中央深改委会议顶层设计的形式，在我国现行立法难以对数据权属规定的现实下，创造性地提出了数据产权结构性分置制度，回避了现有法律框架下数据所有权确权难的问题，建立以数据资源持有权、数据加工使用权、数据产品经营权为核心的"三权分置"体系，对数据流通利用的规制从产权范式转变为治理范式，把现阶段难以解决的数据所有权确权问题拆分为数据持有权、加工使用权与经营权的治理问题，这在一定程度上为企业判断数据资源是否满足数据资产条件提供了参考和依据。

持有权、使用权、经营权互相独立，不同权利人可同时享有，同一权利人可全部享有，也可享有其中一项或多项。明确持有权权利人有权实际控制或委托他人代为控制数据，其他人不得窃取、篡改或者破坏权利人持有的数据。使用权权利人可通过加工、聚合、分析等方式，将数据用于对内提质增效、开发新产品等。经营权权利人可以通过无偿或有偿的方式对外提供数据。相关主体可以通过原始采集、合理爬取、合同约定、衍生创造等方式取得相应权利。清华大学法学院教授申卫星认为，"数据二十条"对不同主体的保护力度有一定差异：对数据来源者，是充分保护数据来源者的合法权益；对数据处理者，是合理保护数据处理者依法依规所持有的数据进行自主管控的权益。一个是"充分保护"，一个是"合理保护"。具体来说，就是数据来源者有对自己促成数据资源复制和转移的权利，而数据处理者有所谓的数据资源持有权、数据加工持有

权和数据产品的经营权，最终实现数据要素的流通利用复用。㊀

正如国家发展改革委答记者问中的说明，"数据二十条"进行如此安排是考虑到"在数据生产、流通、使用等过程中，个人、企业、社会、国家等相关主体对数据有着不同利益诉求，且呈现复杂共生、相互依存、动态变化等特点，传统权利制度框架难以突破数据产权困境"。

因此，某种程度上可以这样理解，**如果能够论证企业对数据资源享有数据资源持有权、数据加工使用权、数据产品经营权中的一种或多种，则符合"控制"的要求**。但需注意："数据二十条"在效力层级上系政策性文件而非法律，"三权分置"体系并不能当然作为数据权属确认的法律依据，也不能在第三方中介服务机构的合规评估中成为直接的法律援引依据；同时，数据资源持有权、数据加工使用权、数据产品经营权这三权在法律上如何理解亦有争议，需要进一步研究。

根据媒体报道，国家数据局2024年拟出台的《关于建立健全数据产权制度的若干意见》对数据产权问题做了进一步的规定，以更好激励投入、促进流通、鼓励创新。其征求意见稿提到支持各方优先基于合同约定界定权属、流转产权。如何在法律层面尽快完善数据权属制度具有推动数据流通利用、确定企业数据资产的重要价值。相信未来法律层面将根据"数据二十条"的思路加快立法进程。

㊀ 申卫星，"数据产权的力度与限度"，2024中国数字经济发展和治理学术年会主旨演讲。

第4章 CHAPTER

数据资产入表的重点合规问题

合规（compliance）的核心要旨来源于国外银行业监管，最早可追溯到20世纪30年代的金融危机。1929年的美国股灾引发了全球经济大萧条，为确保银行系统稳定，美国政府对银行业实行了严格的监管，核心内容是银行的合规监管。但合规真正从金融机构风险管理中独立出来成为一项专门的管理活动是近30年的事。现在的合规已不再仅仅局限于金融领域，越来越多的行业和企业认识到"合规创造价值"，特别是互联网平台和数据与人工智能领域。网络与数据安全、个人信息保护、人工智能等领域的合规，是合规工作在数字经济时代范围变化的代表，属于大的数据合规范畴。这不仅为企业拥抱数字经济提供了坚实的保障，也对企业的合规工作提出了新的要求。虽然合规工作需要一定的成本，但是能够降低公司的风险并创造声誉，而且实践中一些合规不起诉、行政和解案例，已经证明良好的合规工作可能会减轻违法后果，降低违法处罚，合规工作的价值不断彰显。

通过第3章的论述，数据合规对企业实现数据确权的重要意义我们已然明确。本章将具体分析数据资产入表工作中所需要的合规与企业数据合规的具体关系,并对组成企业数据合规的数据来源合规、数据处理合规、数据运营合规与数据管理合规的内涵及要点进行介绍。

4.1 数据资产入表与企业数据合规

如前所述,数据资产入表需以基于数据合规的确权为基础和前提。也即,在数据资产入表前,无论是企业自身还是中介机构,都需对拟入表数据资源进行合规性评估,或称其为入表合规,它与企业数据合规的关系如图4-1所示。

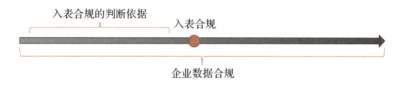

图4-1 数据资产入表合规与企业数据合规的关系

第一,企业数据合规是一段时间内的动态概念,指在企业生产经营过程中一切与数据有关的行为活动均需符合法律法规的要求;而入表合规是企业数据合规中某一时点上的静态判断,指企业在进行数据资产入表时对拟入表数据资源进行的合规性评估。

第二,企业数据合规是入表合规的事实基础和判断依据,入表合规本质上是对数据资产入表这一时点之前企业数据合规的总结和确认,在数据资产入表前如果没有落实企业数据合规,自然也就不存在入表合规。

第三,入表合规系事实判断,其在特定时点下不能改变和弥补,若对某一数据资源的入表合规做出否定性评价,则只能通过事后企业数据合规的完善来改变其事实前提。例如,某企业提供云服务,在未经授权的情况下擅自备份客户储存在云端的数据,在对其进行处理加工后形成数据产品,并拟将相关数据产品入表。此时该数据产品的入表合规性显然是否定的,这是由企业在利用相关数据时不符合企业数据合规要求所造成的，在这一时点，入表合规的否定性评价已成定局，无法改变。但若该企业事后获得了相关数据主体的授权与追认，弥补了相关数据在利用时的不合规瑕疵，此时再次对相关数据产品做入表合规评估，则会由于事实前提的改变而获得肯定性评价，符合数据资产入表"合法拥有或控制"的要求。

我们认为，企业数据合规主要可以分为数据来源合规、数据处理合规、数据经营合规、数据管理合规。其中，数据来源合规重点关注企业的数据"从哪来"，合法合规的数据来源是企业利用数据的基础和前提，如果企业持有的数据资源来源于非法渠道或系无权、越权取得，则企业后续对此数据所有的流通利用行为均会存在瑕疵；数据处理合规重点关注企业的数据"怎么用"，即企业在对相关数据进行加工、分析等操作时，是否符合相应的授权，涉及重要数据、个人信息等数据处理的，还需要额外符合相关法律规定和监管要求；数据经营合规重点关注企业的数据"用于哪"，数据处理只是数据要素价值实现的过程，"变现"才是实现数据交换价值的最后一环，无论是助力企业实现生产经营的降本增效，还是形成数据产品获利，任何形式的数据价值实现场景均需以合法合规为基础，否则即为空中楼阁；数据管理合规关注的则是整个企业的数据管理制度和内控体系是否健全、完善，能否为前三者提供充分的制度与内控保障，其与前三者为形式与实体、规则与操作的关系，健全的数据管理制度和内控体系，不仅可以为企业数据合规工作的开展提供有效指引，亦是证明企业数据合规能力的重要组成部分。

具体到企业数据资产入表阶段，我们认为，最应当关注和核查的合规风险点应为数据来源合规与数据处理合规，原因是这两点直接影响到企业对拟入表数据资源是否实现了合法拥有或控制的判断，而这也是数据资产入表的前提条件。倘若拟入表数据资源所对应的数据来源或数据处理行为不合规，无疑会否定企业拥有或控制相关资源的合法性基础，数据资产入表也就无从谈起。数据经营合规与数据管理合规虽然在理论上不会直接影响数据资产入表，但倘若二者缺失，则拟入表数据资源价值的真实性、稳定性和安全性亦难保证，长远来看，存在拟入表数据资源价值迅速贬损的风险和隐患。因此，在进行数据资产入表的合规性审查时，应多维度并重，确保拟入表数据资源的合规性基础。

4.2 数据来源合规

对于企业拟入表的数据资源，首先要确定的即为数据来源是否合规，这是企业对相关数据资源享有权益的基石。《中华人民共和国数据安全法》第三十二条第一款明确指出，"任何组织、个人收集数据，应当采取合法、正当的方式，不得窃取或者以其他非法方式获取数据"。在数据交易的情境下，数据来源的方式"合法、正当"是企业固定与构筑自身数据资产的第一步，也是数据产品得以交易的首要原则。例如，《上海市数据条例》第十三条规定："自然人、法人和非法人组织可以通过合法、正当的方式收集数据。收集已公开的数据，不得违反法律、行政法规的规定或者侵犯他人的合法权益。法律、行政法规对数据收集的目的和范围有规定的，应当在法律、行政法规规定的目的和范围内收集。"第十四条也明确规定："自然人、法人和非法人组织对其合法取得的数据，可以依法使用、加工。法律、行政法规另有规定或者当事人另有约定的除外。"

一般认为，数据的取得来源可分为四类，即自行生产、公开数据收集、直接采集以及间接获取。

自行生产的数据是指企业在不涉及外部收集的情况下，通过运用内部运营、管理等系统所产生并进行收集和整理而得到的各类数据，包括但不限于研发数据、生产运行数据、业务数据等。因为此类数据的收集来源仅涉及企业自身，所涉法律关系相对清晰和简单，在收集环节一般不会存在严重的合规问题，故在下文中将不再详述。

公开数据收集指通过人力或技术手段对网络上的公开数据进行收集。区别于开放数据（任何人均有权获取并无条件使用的数据），虽然任何人均有权访问公开数据，但并不意味着任何人均可无条件使用该数据，只有在一定的条件下方能对公开数据进行收集和利用。

直接采集指企业直接从数据源处（如终端用户、客观世界等）采集数据。直接采集的数据包括三类：第一类是经过用户同意由用户主动上传或自动采集的数据，其中用户既包括自然人用户亦包括非自然人用户，也即此种情形下所采集的数据可以同时包括个人数据和非个人数据（例如企业数据等），该类数据可通过用户的直接授权而取得用益权，从而确保其来源的合法性；第二类是经用户同意通过第三方组件采集的数据，一般出现在个人用户使用App、小程序等互联网服务的场景中，即第三方公司通过在App、小程序等中嵌入的第三方插件或接口收集用户信息；第三类则为借助各类设备及科学技术等直接采集的客观世界数据，例如水文、气候、地藉测绘数据等，因此类数据往往涉及国家安全，故一般会要求此类数据的采集者具备一定的资质。

间接获取，即数据需方通过数据交易、共享、授权许可等方式从数据供方处获取数据。供需双方的数据传输方式主要有提供数据包、提供API及其他允许数据需方直接访问数据库等。

4.2.1 公开数据收集——以爬虫技术为例

爬虫技术，又称网络机器人或网络蜘蛛，是按照一定规则，自动抓取万维网信息的程序或脚本，亦是目前实践中应用最为广泛的一种公开数据收集方式。爬虫技术作为一种数据收集的技术手段，其本身并无合法与非法之分，但倘若对爬取行为不加限制，破坏了互联网生态的正常秩序，甚至损害了他人、社会乃至国家的利益，则不仅通过爬取得到的数据缺乏合规性基础，实施该爬取行为的企业还会有承担民事、行政乃至刑事责任的法律风险。

对于利用爬虫技术爬取数据的行为规范，目前在立法层面并无明确规定。依据《中华人民共和国数据安全法》第八条[1]及第三十二条[2]等一般性规定,在核查通过爬虫技术收集的数据的合法性时,应重点评估企业是否履行以下法定义务。

1. 不得危害国家安全、公共利益

在数据的公开采集中,重要数据、核心数据、国家秘密、情报信息等关涉国家安全、公共利益的数据属于强监管数据,应当依法依规,禁止违规采集。

(1) 不得违法收集受监管的数据

《中华人民共和国数据安全法》第二十一条规定:"国家数据安全工作协调机制统筹协调有关部门制定重要数据目录,加强对重要数据的保护。关系国家安全、国民经济命脉、重要民生、重大公共利益等数据属于国家核心数据,实行更加严格的管理制度。"2019年国家互联网信息办公室发布的《数据安全管理办法(征求意见稿)》第十五条规定:"网络运营者以经营为目的收集重要数据或个人敏感信息的,应向所在地网信部门备案。备案内容包括收集使用规则,收集使用的目的、规模、方式、范围、类型、期限等,不包括数据内容本身。"

重要数据、核心数据、国家秘密、情报信息等关涉国家安全、公共利益的数据属于强监管数据。现行法律法规并未禁止企业采集一切强监管数据,而是将采集限制在"合法手段"及"合法目的"的范围内,且对强监管数据的跨境传输进行限制。如违反国家规定,采用违法手段采集强监管数据,可能受到《中华人民共和国保守国家秘密法》《中华人民共和国反间谍法》《中华人民共和国刑法》等法律法规的管辖。

因此,采用爬虫方式采集强监管数据时,需注意数据的敏感程度,考虑数

---

[1] 《中华人民共和国数据安全法》第八条 开展数据处理活动,应当遵守法律、法规,尊重社会公德和伦理,遵守商业道德和职业道德,诚实守信,履行数据安全保护义务,承担社会责任,不得危害国家安全、公共利益,不得损害个人、组织的合法权益。
[2] 《中华人民共和国数据安全法》第三十二条 任何组织、个人收集数据,应当采取合法、正当的方式,不得窃取或者以其他非法方式获取数据。法律、行政法规对收集、使用数据的目的、范围有规定的,应当在法律、行政法规规定的目的和范围内收集、使用数据。

据采集方式、使用目的、数据接收方的合法性、数据跨境传输可能导致的风险的质的变化。⊖

（2）不得侵入国家事务、国防建设、尖端科学技术领域的计算机系统

依据《中华人民共和国刑法》第二百八十五条第一款，未经授权或超越授权不得进入涉及国家事务、国防建设、尖端科学技术领域的计算机的信息系统，如果企业违背权利主体意愿进入或超越授权进入上述计算机系统，可能会构成"非法侵入计算机信息系统罪"。需注意，构成本罪只需"进入"相应的计算机系统，即使行为主体并未爬取数据，也并非犯罪阻却事由。

（3）不得非法侵入国家关键信息基础设施

根据《关键信息基础设施安全保护条例》，关键信息基础设施（Critical Information Infrastructure，CII）是指公共通信和信息服务、能源、交通、水利、金融、公共服务、电子政务、国防科技工业等重要行业和领域的，以及其他一旦遭到破坏、丧失功能或者数据泄露，可能严重危害国家安全、国计民生、公共利益的重要网络设施、信息系统等。

《关键信息基础设施安全保护条例》第五条规定："任何个人和组织不得实施非法侵入、干扰、破坏关键信息基础设施的活动，不得危害关键信息基础设施安全。"与前述（2）不同，进入 CII 并不当然违法，但相关行为需正当合理，不能实施非法侵入、干扰、破坏 CII 的活动或与之危险程度相近的行为，

⊖ 【行政处罚案例】2021 年，上海某信息科技公司接受一境外公司委托，在对方规定的北京、上海等 16 个城市及相应高铁线路上采集了我国铁路信号数据（包括物联网、蜂窝和高铁移动通信专网敏感信号等数据），并在数据采集设备上为该境外公司开通了远程登录端口，方便境外公司实时获取对应的测试数据。经鉴定，两家公司为境外公司搜集、提供的数据涉及铁路 GSM-R 敏感信号。GSM-R 是高铁移动通信专网，直接用于高铁列车运行控制和行车调度指挥，是高铁的"千里眼、顺风耳"，承载着高铁运行管理和指挥调度等各种指令。境内公司的行为是《中华人民共和国数据安全法》《中华人民共和国无线电管理条例》等法律法规严令禁止的非法行为。相关数据被国家保密行政管理部门鉴定为情报。

否则即属于违法行为。由于目前 CII 的明确范围并未公开，且一旦企业被认定为非法侵入、干扰、破坏 CII，即会被判定为违法，需承受相应的行政甚至刑事责任，故进入 CII 采集数据具有较高的法律风险。企业应在数据采集前对目标网站进行综合评判，尽可能避免在未经授权的情况下进入 CII 并采集数据。

（4）不得非法侵入其他特定组织的计算机系统

《中华人民共和国刑法》第二百八十五条第二款明确规定了对除国家事务、国防建设、尖端科学技术领域以外的计算机信息系统及数据的保护。根据最高人民法院、最高人民检察院发布的《关于办理危害计算机信息系统安全刑事案件应用法律若干问题的解释》，非法侵入计算机信息系统后，获取支付结算、证券交易、期货交易等网络金融服务的身份认证信息 10 组以上或获取上述以外的身份认证信息 500 组以上的，即构成"非法获取计算机信息系统数据罪"。身份认证信息是指用于确认用户在计算机信息系统中操作权限的数据，包括账号、口令、密码、数字证书等。㊀

2. 不得损害个人的合法权益

根据《中华人民共和国民法典》第一千零三十六条及《中华人民共和国个人信息保护法》第二十七条，处理个人自行公开或者其他已经合法公开的个人信息可以不经个人同意，但需要在合理的范围内；当相关个人信息的处理会对个人产生重大影响时，仍需取得个人同意。未经许可即使用爬虫技术采集他人

㊀ 【司法案例】最高人民检察院于 2022 年 8 月 10 日发布的第三批涉案企业合规典型案例：上海 Z 网络科技有限公司（系一家为本地商户提供数字化转型服务的互联网大数据公司），在未经上海 E 信息科技有限公司（系国内特大型美食外卖平台企业）授权许可的情况下，为提供超范围数据服务吸引更多的客户，通过"外爬""内爬"等爬虫程序（按照一定的规则，在网上自动抓取数据的程序），非法获取 E 公司运营的外卖平台数据，被认定为非法获取计算机信息系统数据罪。其中，"外爬"系以非法技术手段，利用 E 平台网页漏洞，突破、绕开 E 公司设置的 IP 限制和验证码验证等网络安全措施，通过爬虫程序大量获取 E 公司存储的店铺信息等数据；"内爬"系利用掌握的登录 E 平台商户端的账号、密码及自行设计的浏览器插件，违反 E 平台商户端协议，通过爬虫程序大量获取 E 公司存储的订单信息等数据。上述行为造成 E 公司存储的具有巨大商业价值的海量商户信息被非法获取，同时造成 E 公司流量成本增加，直接经济损失为 4 万余元。

未合法公开的个人信息的行为可能会侵害个人信息权益，从而面临民事、行政乃至刑事责任。例如，在最高人民检察院发布的第三十四批指导性案例——柯某侵犯公民个人信息案⊖中，柯某通过各种手段获取大量包含房屋门牌号码、业主姓名、电话等内容的业主房源信息，基于此对外提供服务并牟利，最终，柯某被处以侵犯公民个人信息罪。在本案中，检方认为"对生物识别、宗教信仰、特定身份、医疗健康、金融账户、行踪轨迹等敏感个人信息，进行信息处理须得到信息主体明确同意、授权。对非敏感个人信息，如上述业主电话、姓名等，应当根据具体情况作出不同处理。信息主体自愿、主动向社会完全公开的信息，可以认定同意他人获取，在不侵犯其合法利益的情况下可以合法、合理利用。但限定用途、范围的信息，如仅提供给中介供服务使用的，他人在未经另行授权的情况下，非法获取、出售，情节严重的，应当以侵犯公民个人信息罪追究刑事责任。"⊜

对此，笔者认为，在利用爬虫技术收集已公开个人信息时，应当对爬取的个人信息类型进行审核，如果是公民自愿、主动向社会完全公开的一般个人信息，则可在不侵犯权利人合法权益的情况下合理使用；但对于个人已公开的重点、敏感信息，或是用途、公开范围有限制的个人信息，企业在爬取及利用前，应当获得个人的明确同意或授权，否则即有侵犯公民个人信息的风险。

综上，未经公民明确授权使用爬虫技术收集已公开的个人信息时，应当同时满足以下条件：首先，收集的信息系个人自行公开或者其他已经合法公开的个人信息；其次，在处理个人信息的整个过程中，个人未对个人信息处理表示限制或者拒绝；再次，企业对个人信息的收集和使用符合个人信息公开时的目的一致及合理期待原则，不得超过个人公开其个人信息时的目的；最后，企业在收集和使用已公开个人信息时，应确保相关行为对个人权益不会产生重大影

⊖ （2018）沪 0116 刑初 839 号。
⊜ 参见最高人民检察院第三十四批指导性案例，访问地址为 https://www.spp.gov.cn/spp/jczdal/202202/t20220221_545125.shtml。

响，且所使用的信息不属于重点、敏感个人信息，否则应重新取得个人同意或进行匿名化处理。

3. 应当以合法、正当的方式采集数据

根据技术中立原则，爬虫技术作为一类自动化技术本身在法律上并无禁止。但在实践中，为避免网站数据被过度抓取以至于网站正常运行受到干扰，网站运营者往往会设置诸如 Robots 协议、防火墙、IP 限制、访问监控等反抓取保护措施。如果自动化技术不违反网站设置的反抓取措施，一般属于善意抓取；若自动化程序采取一定手段规避、绕过、突破上述网站设置的反抓取保护措施抓取数据，则有可能被认定为具有侵入性的恶意抓取。如企业未经权利主体许可，以绕过权利主体设置的反抓取措施的行为抓取数据的或以窃取等非法手段入侵他人网站的，损害他人正当权益的，则难以证明其采取了合法、正当的方式。

因此，数据抓取行为的正当性需进行以下评价：其一，是否违反 Robots 协议或突破对方反爬虫措施；其二，数据抓取行为是否损害了被抓取方的权益或妨碍、破坏被抓取方服务的正常运行；其三，在获取的原始数据涉及企业商业秘密的情况下，需尊重企业的意愿，获得企业的授权同意。

以数据抓取行为的违法程度为标准，以不当方式抓取数据可能会面临以下法律风险：

于 2024 年 9 月 24 日发布、2025 年 1 月 1 日正式实施的《网络数据安全管理条例》第十八条规定："网络数据处理者使用自动化工具访问、收集网络数据，应当评估对网络服务带来的影响，不得非法侵入他人网络，不得干扰网络服务正常运行。"若企业抓取数据所使用的自动化程序对目标网站的访问量超过上述标准，则有可能被认定为《中华人民共和国反不正当竞争法》第十二条第二款第四项的"其他妨碍、破坏其他经营者合法提供的网络产品或者服务正常运行

的行为"，从而被判定为不正当竞争行为。

根据《中华人民共和国刑法》第二百八十五条第二款、第二百八十六条第一款以及《关于办理危害计算机信息系统安全刑事案件应用法律若干问题的解释》，若企业在数据采集过程中，侵入计算机信息系统并对其实施非法控制的，可能会构成"非法控制计算机信息系统罪"；若企业对计算机信息系统的功能进行删除、修改、增加、干扰，使其不能正常运行，后果严重的，可能会构成"破坏计算机信息系统罪"。

4. 不得损害其他组织的合法权益

（1）不得违反《中华人民共和国反不正当竞争法》的相关规定

《中华人民共和国反不正当竞争法》第二条规定："经营者在生产经营活动中，应当遵循自愿、平等、公平、诚信的原则，遵守法律和商业道德。本法所称的不正当竞争行为，是指经营者在生产经营活动中，违反本法规定，扰乱市场竞争秩序，损害其他经营者或者消费者的合法权益的行为。本法所称的经营者，是指从事商品生产、经营或者提供服务（以下所称商品包括服务）的自然人、法人和非法人组织。"

根据目前的司法与行政处罚实践，构成不正当竞争至少应当满足以下四个要件：

其一，经营者具有可保护的法益。需审查经营者收集的数据是否具有合法来源、具备合法权利，且对数据的收集或者生成付出了一定的人力和物力等实质性加工及创造性劳动。㊀

㊀ 【司法案例】在某宝诉某景案中，某宝的"生意参谋"数据产品是在用户浏览、交易等行为痕迹信息所产生的原始数据的基础上，以特定算法提炼后形成的指数型、统计型、预测型衍生数据。法院认为某宝依其与用户的约定享有对原始数据的使用权，经过其智力劳动投入而衍生的数据内容，是与用户信息、原始数据无直接对应关系的独立的衍生数据，可以为网络运营者所实际控制和使用，并带来经济利益，属于无形财产，某宝对此享有独立的财产性权益。

其二，主体间具有竞争关系。传统竞争法意义上的竞争关系一般指同业竞争者之间对于交易对象以及交易关系的争夺，互联网领域的竞争形势呈现多元化，实践中法院评价企业间的竞争关系已经不拘泥于传统的直接竞争关系，若双方存在同一用户群体，即使争议双方的经营范围不同，也可以成为竞争关系。

其三，竞争行为具有不正当性。数据领域中的竞争行为一般包括数据获取行为和数据使用行为。数据抓取是数据获取的常见模式，数据使用是数据获取的目的，需同时考虑获取行为㊀和使用行为㊁是否正当。

其四，竞争行为损害数据权益并且扰乱竞争秩序。在数据竞争领域，由于数据种类多样、数据来源及获取方式众多、数据使用方式多样，因此判断主体之间具有竞争关系的标准比较宽泛，需判断竞争行为是否损害了数据权利主体的数据权益及市场竞争秩序。㊂

在企业自我评估数据抓取并使用的行为是否构成不正当竞争行为时，可以参照《最高人民法院关于适用〈中华人民共和国反不正当竞争法〉若干问题的解释（征求意见稿）》㊃第二十六条第一款，考察是否存在下列情形："经营者违背诚实信用原则和商业道德，擅自使用其他经营者征得用户同意、依法收集且具有商业价值的数据，并足以实质性替代其他经营者提供的相关产品或服务，损害公平竞争的市场秩序。"如果企业存在凭借未经授权抓取的数据，足以实质性替代其他经营者提供的产品或服务，则数据抓取及使用行为有可能被认定为不正当竞争行为。

㊀ 详见前文"3.应当以合法、正当的方式采集数据"部分。
㊁ 数据使用行为是否正当，主要根据使用目的和使用方式进行判断，例如是否会对在先平台的数据产品产生替代性后果、对在先权利人的利益产生影响及产品价值产生影响、使用目的的合法正当性等。
㊂ 【司法案例】在某米诉某光案中，法院认为，被告某光公司利用网络爬虫技术大量获取并且无偿使用原告某米公司软件的实时公交信息数据的行为，具有非法占用他人无形财产权益、破坏他人市场竞争优势，并为自己谋取竞争优势的主观故意，违反了诚实信用原则，扰乱了竞争秩序，构成不正当竞争行为。
㊃ 最高人民法院于 2021 年 8 月 18 日发布。

（2）不得侵害他人知识产权

如果爬取他人拥有著作权的内容并进行商用，则可能涉嫌侵犯知识产权。例如，通过爬虫技术爬取网站信息（包括文字、图片、视频、音频等），因其具有一定的知识产权归属，一方面不应故意避开或者破坏目标网站采取的技术措施；另一方面需确保不存在《中华人民共和国著作权法》第五十二条、第五十三条规定的侵权行为。但是在爬虫措施合理正当、不对爬取内容进行后续商用或对其进行出版、表演、公开传送、网络传播等情况下，实际承担责任的可能性则较小。

4.2.2 直接采集数据

如前所述，直接采集数据一般可分为三种类型，即用户在使用产品或服务过程中上传及产生的数据、利用第三方组件采集的数据以及利用设备直接采集的客观世界数据，下面将分别就不同类型的直接采集数据的合规性判断要点进行分析。

1. 用户在使用产品或服务过程中上传及产生的数据

用户既包括自然人用户，也包括非自然人用户。其中，采集自然人用户相关数据的，可能会涉及个人信息处理的相关问题，企业的收集行为及与用户签署的《隐私政策》等需要符合个人信息保护相关法律规定的行为要求；采集非自然人用户相关数据的，因往往会涉及被采集对象的生产经营数据等，故有可能涉及商业秘密保护等问题。

（1）自然人用户数据的采集

根据《中华人民共和国个人信息保护法》的相关规定，个人信息处理者在处理（包括收集）个人信息时，应当取得个人同意，并向其告知个人信息的收集范围、处理目的及处理方式等。在实践中，企业（个人信息处理者）一般是通过《隐私政策》在收集用户个人信息前实现对 App、小程序等用户的告知。因此，在核查企业以直接采集方式收集自然人用户个人信息的合规性时，需重点关注相应的《隐私政策》是否全面、准确地反映个人信息收集的范围，是否符合相关法律法规及监管规定的要求，以及是否得到有效落实等，具体可归纳为如下几个方面。

首先，《中华人民共和国个人信息保护法》第六条规定："收集个人信息，应当限于实现处理目的的最小范围，不得过度收集个人信息。"这就是个人信息收集需遵循的最小必要原则，具体包括以下内容：收集的个人信息应具有明确、合理、具体的个人信息处理目的；收集的个人信息应限于实现处理目的所必要的最小范围（通常涉及收集个人信息的类型、频率、数量、精度等）；处理者应采取对个人权益影响最小的方式收集个人信息；收集的个人信息应与处理目的直接相关；应仅在用户使用业务功能期间收集该业务功能所需的个人信息；要求用户提供的个人信息不应超出必要个人信息的范围等。其中，对于包括地图导航类、网约车类等常见类型的网络服务，企业可参考由国家市场监督管理总局、中国国家标准化管理委员会于 2022 年发布的国家标准《信息安全技术 移动互联网应用程序（App）收集个人信息基本要求》（GB/T 41391—2022）附录 A 来明确提供服务时必要的用户侧个人信息范围。

其次，根据《中华人民共和国个人信息保护法》第十三条、第二十八条，收集个人信息前需取得个人同意，对于敏感个人信息的收集，需获得个人的单独同意。对此，企业应在收集用户个人信息前，向其明确罗列拟收集个人信息的范围、处理目的及方式，不得采用"等""例如"等概括性、模糊性的表述。对于涉及用户生物识别、宗教信仰、特定身份、医疗健康、金融账户、行踪轨迹等敏感个人信息，以及不满 14 周岁的未成年人个人信息，企业应向本人或监护人告知收集此类信息的必要性和对其权益产生的影响，并获取其单独、明确同意。

再次，根据《中华人民共和国个人信息保护法》第十六条，在非必需的条件下，个人信息处理者不得以个人不同意处理其个人信息或者撤回同意为由，拒绝提供产品或者服务。因此，当企业同时提供多种类型的服务时，应基于不同的服务类型分别获取用户的同意或单独同意，不得采用捆绑基本业务功能或不同类型业务功能的方式诱导、强迫用户一次性授权个人信息收集请求。

最后，由于《隐私政策》往往作为企业收集用户个人信息的合法性基础，因此应确保其符合相关法律规定的基本要求，包括但不限于：保证隐私政策的独立性、易读性，即企业应确保隐私政策独立成文、易于访问，且不存在文本文字显示方式（字号、颜色、行间距等）不易阅读的问题；清晰说明各项业务功能及所收集个人信息的类型，即企业需明示收集个人信息的业务功能及个人信息类型，确保一一对应，对于拟收集的敏感个人信息要以显著方式标识；清晰说明个人信息处理规则及用户权益保障，即企业应根据《中华人民共和国个人信息保护法》及相关规定的要求，在隐私政策中明确告知运营方的基本情况、个人信息存储及超期处理方式、使用规则、出境情况，个人信息对外共享、转让、公开披露规则，个人信息安全保护措施和能力，用户权利保障机制（包括用户对已收集个人信息的查询、更正、删除、授权撤回等），申诉和反馈渠道，以及隐私政策的时效和更新等；隐私政策中不存在免责等不合理条款，即企业免除自身责任、加重用户责任、排除用户主要权利等条款。

（2）非自然人用户数据的采集

当企业向非自然人用户提供互联网服务（例如 SaaS 服务）时，会涉及对其生产、经营等数据的收集，例如车间生产线数据、公司进销存数据等。对于此类非个人数据的采集，现行法律法规仅进行了原则性的规定，除《中华人民共和国数据安全法》第八条、第三十二条"合法""正当"的要求外，《中华人民共和国网络安全法》第二十二条"网络产品、服务具有收集用户信息功能的，其提供者应当向用户明示并取得同意"及第四十条"网络运营者应当对其收集的用户信息严格保密,并建立健全用户信息保护制度"都做出了规定。在不区分个人数据及企业数据的情况下,《中华人民共和国网络安全法》提出了对用户"明示并取得同意"、对用户信息进行"保密"等要求。对于企业数据采集的合规性审查要点,主要可关注以下几点。

1)关于商业秘密排除性约定。

商业秘密是指不为公众所知悉、具有商业价值并经权利人采取相应保密措施的技术信息、经营信息等商业信息,其中,经营信息包括与经营活动有关的客户信息(包括客户的名称、地址、联系方式及交易习惯、意向、内容等信息)、数据等,具有秘密性、保密性、价值性三个特征:秘密性是指商业信息不为所属领域相关人员普遍知悉或容易获取的信息;保密性是指权利人采取了与信息价值相当的保密措施以防止相关信息泄露;价值性是指该信息的应用能够给权利人带来现实或潜在的竞争优势。

关于企业在与非自然人客户之间的协议中进行商业秘密排除性约定,应当在《中华人民共和国数据安全法》第三十二条规定的合法、正当的范围内明确协议授权及使用数据的范围。虽然在针对非个人数据的法律框架下,并无《中华人民共和国个人信息保护法》中"最小、必要原则"的限制,但根据《中华人民共和国数据安全法》第八条,数据处理主体需要注意遵守"商业道德",不得损害其他企业的合法权益,包括不得损害企业的商业秘密。因此,企业可以通过协议确定商业秘密的范围,避免自身作为数据收集者在商业秘密边界模糊时可能被认定为侵权的风险。即便通常被认为属于商业秘密范畴的信息可以通过协议方式排除,也可能因为存在格式条款等不公平情形,损害其他非自然人客户的合法权益而被认定为无效。对此,建议企业在签订协议时应当取得非自然人客户对于通常情况下被认定为"商业秘密"范畴的信息的明示书面授权同意或承诺。

2）对非个人数据收集的审核要点——以企业用户为例。

在提供互联网服务时，企业用户向运营者提供自身信息，是作为数据原始主体在其享有的数据权益范围内进行对外授权。在收集此类数据前，建议先对企业用户的相关情况进行适当核查，以避免授权及收集事项等存在瑕疵，导致后续对相关数据的利用存在法律风险。核查要点如下。

首先，宜确认企业用户是不是依据有关法律合法、有效成立，具备民事行为能力的主体。

其次，对于企业用户工作人员代理公司签署相关协议的，应确认该工作人员具有有效授权。

再次，对于直接收集的数据可能涉及企业客户商业秘密的，可采取协议确定商业秘密的方式，如涉及通常被认定为商业秘密范畴的信息，建议在签订授权协议时即应取得企业的明示书面授权同意或承诺，对于直接收集的数据可能涉及企业知识产权、技术、特殊业务的，应通过协议或承诺的方式确认对此类数据的收集并无限制。

最后，如运营者拟对收集的相关数据进行二次加工利用，则建议事先在与企业用户的协议中明确双方对所收集数据的权利内容，明确运营者可就相关数据进行二次加工利用，并对加工后的数据享有独立的财产性权利。

2. 利用第三方组件采集的数据——以 App 嵌入第三方 SDK 为例

SDK（Software Development Kit，软件开发工具包）是辅助软件开发的相关文档、范例及工具的集合。为避免相同功能的重复开发，SDK 提供者会将实现特定功能的代码封装成工具包，并对外提供接口。部分网络服务（一般多为 App、小程序，以下将以 App 为例）运营者为更加方便、快捷地创建出各种应用程序，降低开发成本，往往会在 App 内接入 SDK 以快速实现特定的业务功能，例如广告推广、数据统计、第三方登录以及网络支付等。若 App 运营者与

SDK 提供者为同一主体，则相关 App 所接入的 SDK 为自身开发，受 App 运营者的完全控制，基于此进行数据采集即为前文所述的"直接采集用户在使用产品或服务过程中上传及产生的数据"；若 App 运营者与 SDK 提供者不为同一主体，则调用的 SDK 为"第三方组件"，因第三方组件并不完全在 App 运营者的控制下，故以此方式采集个人用户数据的，除如上文所述的需审查用户授权等外，还需要审查 App 运营者对第三方组件的安全性控制。在对此类数据进行来源合规性审查时，需关注如下要点。

（1）明确 App 运营者与 SDK 提供者之间的法律关系

根据《中华人民共和国个人信息保护法》，SDK 提供者接入 App 后收集个人信息的，其与 App 运营者之间可能构成委托处理、共同处理以及提供处理三种法律关系。因此，App 运营者接入第三方 SDK 时，应首先根据实际的业务需求判断其与 SDK 提供者之间构成以下何种个人信息处理关系，再根据不同的法律关系确定各自的权利义务范围，并将此体现在与用户签订的《隐私政策》中。

1）委托处理关系。

根据《中华人民共和国个人信息保护法》第二十一条，个人信息处理者可以委托他人处理个人信息，受托人应当在双方约定的处理目的、处理方式等范围内处理个人信息，委托人应对受托人的个人信息处理活动进行监督。对此，若 SDK 提供者仅能在 App 运营者委托的范围内收集个人信息，并不能自主决定个人信息的收集范围、目的及方式等，则 App 运营者与 SDK 提供者就用户个人信息收集构成委托处理关系。此时，App 运营者是已收集信息的实际控制者，对用户个人信息的收集承担全部责任，负有监督 SDK 提供者利用相关 SDK 收集个人信息符合委托范围的义务，并需在《隐私政策》中就存在委托处理的情况进行说明。

2）共同处理关系。

根据《中华人民共和国个人信息保护法》第二十条，两个以上个人信息处理者共同决定个人信息的处理目的和处理方式的，可分别基于双方约定的权利义务处理个人信息，并就处理个人信息过程中对个人权益的损害承担连带责任。对此，若 App 运营者与 SDK 提供者共同决定用户个人信息收集的目的和方式的，则双方构成共同处理关系。此时，App 运营者与 SDK 提供者是已收集个人信息的共同控制者，在获得个人同意的前提下，双方有权在约定的权利义务范围内对收集的个人信息进行进一步处理。

3）提供处理关系。

《中华人民共和国个人信息保护法》第二十三条规定："个人信息处理者向其他个人信息处理者提供其处理的个人信息的，应当向个人告知接收方的名称或者姓名、联系方式、处理目的、处理方式和个人信息的种类，并取得个人的单独同意。接收方应当在上述处理目的、处理方式和个人信息的种类等范围内处理个人信息。接收方变更原先的处理目的、处理方式的，应当依照本法规定重新取得个人同意。"若嵌入 App 的 SDK 系以 SDK 提供者的名义直接呈现在用户终端，单独获取用户同意采集其个人信息，App 运营者和 SDK 提供者共享 SDK 所采集的个人信息，则双方构成提供处理关系，其本质上属于数据共享，亦构成个人信息的对外提供。此时，双方的处理地位相对独立，均可单独决定个人信息的采集目的和方式等，分别为个人信息的控制者。在此情形下，App 运营者需在《隐私政策》中根据《中华人民共和国个人信息保护法》的要求向用户明确告知双方采集个人信息的目的、范围、方式及双方主体信息，同时还需承担对第三方 SDK 接入的管理责任。

（2）App 运营者对第三方 SDK 接入的管理义务

对于 App 通过接入第三方 SDK 采集用户个人信息的，App 运营者需对第三方 SDK 进行合理的管理和监督，以确保所采集个人信息的合法合规性。对于 App 运营者管理义务的审核要点，可参考国家标准《信息安全技术 个人信息安全规范》(GB/T 35273—2020) 和《信息安全技术 移动互联网应用程序（App）收集个人信息基本要求》(GB/T 41391—2022)，以及在 2023 年 11 月 27 日由国家标准化管理委员会发布的国家推荐性标准《信息安全技术 移动互联网应用程序（App）软件开发工具包（SDK）安全要求》等。具体来说，主要有以下几点。

1）在第三方 SDK 接入前。

其一，App 运营者需结合实际业务功能对 SDK 接入需求的必要性进行综合判断。尤其是在涉及第三方 SDK 需要收集用户个人信息的情况下，App 运营者应确保仅接入满足 App 业务功能需要的最少数量的 SDK，且第三方 SDK 采集的个人信息应限于实现处理目的所需的最小范围。其二，App 运营者应对 SDK 是否存在违法违规采集使用个人信息、是否存在个人信息出境行为等进行评估。其三，App 运营者还应与第三方 SDK 提供者就双方之间的个人信息处理规则和保护责任进行界定，明确双方的权利义务，包括但不限于：SDK 收集个人信息的目的、方式、范围；SDK 申请的系统权限和申请目的；SDK 收集个人信息的保存期限和停止嵌入后的个人信息处理方式；双方的个人信息安全责任和保护措施；SDK 是否存在热更新机制；SDK 是否存在自启动、关联启动；SDK 收集个人信息是否涉及向境外提供；SDK 协助 App 响应用户个人信息权利请求的措施等。其四，App 运营者应对 SDK 申请使用的权限进行充分审核，确保其申请的权限具有明确、合理的使用目的。

2）在第三方 SDK 接入并运行后。

其一，App 运营者应向用户告知接入第三方 SDK 的名称、SDK 收集的个人信息种类和使用目的、申请的系统权限、申请目的等，未取得用户同意的，不得允许 SDK 采集用户信息。其二，App 运营者需持续监督接入的第三方 SDK 是否存在违规收集个人信息、调用权限、个人信息出境等行为。其三，如果第三方 SDK 存在热更新机制的，在其进行热更新前，需要求 SDK 提供者将此次热更新的具体内容及可能造成的影响，以及涉及个人信息处理目的、方式和范围的变更等向 App 运营者事先告知。

3）在第三方 SDK 被停止使用后。

App 运营者应及时从代码中移除该 SDK 的相关代码，避免合规风险。

3. 利用设备直接采集的客观世界数据

如前所述，利用设备等直接采集的客观世界数据，其数据主体往往是道路、山川、气候等具有公共属性的客观存在，因此此类数据的收集一般不涉及数据主体的权益保护等问题。但需注意，某些特定领域的客观世界数据往往会涉及国家安全，采集这些数据需要相应的资质，或符合相关法律规定。例如，根据《测绘资质管理办法》及《测绘资质分类分级标准》，进行"地理信息数据采集""地面移动测量"等活动的，需要获得相应的测绘资质。又如，《气象行业管理若干规定》第八条明确规定："国务院其他有关部门和省、自治区、直辖市人民政府其他有关部门以及其他组织和个人新建气象台站，应当执行气象台站建设的有关规定和标准、规范，投入运行后三个月内应当报当地省、自治区、直辖市气象主管机构备案。"也即，我国对非官方开展的气象探测活动实行备案制，所采集的气象数据不得向境外传输，且同时应遵守气象探测站点设立区域、站间距、探测时间、气象探测仪器设备、数据信息使用和汇交等相关规定。

此外，还需注意的是，客观世界数据的敏感性可能会随数据规模的扩大而改变。以气象数据为例，气象局制定了《中国气象局基本气象数据开放共享目录》，主动向社会公开一定精度、一定期限内的气象数据，鼓励社会利用。但据笔者了解，某些地区的气象监管部门会对涉及敏感区域的气象数据及 30 年以上的长序列气象数据进行严格管控，限制其流通与利用。

综上，对于企业直接采集的客观世界数据，应结合数据内容和规模、采集方式、敏感程度等实际情况进行综合分析，判断其采集是否符合相关法律要求。

4.2.3 间接收集数据

企业通过与第三方以签订技术服务协议、许可协议等数据产品交易模式收集数据的，类似于数据产品的场外交易，应履行数据需求方的必要审查，该审查除特殊行业具有监管部门要求的法定义务外，一般属于企业内部的尽职调查及内控管理，规避的是企业内部的商业风险和违约风险。因此，除非法律、行政法规、规范性文件对企业所在行业或从事的业务规定了对数据采集的强制性法定核查义务，企业对于数据来源是否需要更大程度的实质核查取决于自身的风险偏好。我们建议企业为避免商业风险和声誉风险，应对数据提供方做必要核查，具体可以参照场内数据交易挂牌的数据合规评估模板的要求对此类数据进行合规审查，简要来说包括以下几点。

其一，应对数据提供方的资质进行审核，确保数据提供方具有合法资质且未受过行政处罚，同时应综合评估供应商的数据安全管理能力、前期数据交易经验及能力、服务质量等。

其二，审查数据提供方数据来源合法的证明文件，确认数据来源是否合法合规、数据采集行为是否符合法律规定、是否存在侵害其他数据主体合法权益和个人信息等情形。

其三，通过书面形式要求数据提供方提供并签署数据未侵犯他人隐私、商业秘密及其他权益的协议或承诺函，并约定发生纠纷时由数据提供方承担企业因此遭受的一切损失。

其四，审查数据提供方的数据产品是否存在法定不可交易的情况。

其五，对数据提供方的合同签订状态、采购数据类型、数据范围、背景资质审查情况等进行及时的记录、更新、管理。

在笔者参与上海数据交易所产品挂牌交易的实践中，存在部分产品的数据来源为境外，通过公开获取及间接协议来源获取的情况。在实际审查中，为明确数据来源的合法合规，企业需提供境外来源的具体途径。如通过公开网站获取，需提供网站链接，律师需登录境外网站，审查网站公开声明、政策，确认是否包含不得下载、使用、加工、提供等相关条款，确认企业是否使用网站公共领域的数据，其中是否包含网站从其他组织获得的非公共领域的图像；如通过境外公司协议获取，需提供双方签章的协议复印件、境外公司数据来源说明，律师需确认协议的期限是否会对产品的合法合规的有效期产生影响，确认境外公司数据来源的合法性，确认协议中是否包含禁止加工或禁止加工后对外提供、获得收益等条款，确认是否限制相关数据的重复使用、销售或再分发。

在评估数据合法性时，重点问题是数据"溯源"合规问题。拟挂牌的数据产品所涉及的数据可能来源于"上家"的授权或交易，合规评估需核查每一层的数据处理和加工都在合法范围内（如果层数较多，则应合理确定层数，上穿排查）。确定数据来源的合法性，需要审查数据提供方获取用户数据信息的途径，直接采集的应确认是否明确告知用户，协议间接获取的应审查协议内容。建议对于拟参与数据交易的企业，一方面应在内部建立数据来源区分和审查制度，从数据来源这一最初环节做好数据隔离与风险排除；另一方面需对数据授权相关协议进行全面审查，确保相应的数据获取协议不会对后续数据产品的形成和流通产生阻碍。

此外，对于企业通过协议从其他企业处获得企业数据的情况，若企业有对相关数据进行再加工利用的计划，则建议在协议中明确约定相关数据经加工后形成的具有财产性权利的数据产品归属于企业自身，特别是对于在特定商业场景下被授权获得的其他企业数据，需要注意，由于双方并非明确的数据产品交易关系，因此企业通常并未获得明确的数据加工利用权及相应的财产收益权。这种情况下，其他企业对数据的授权通常是基于在特定商业场景下接受服务或其他特定目的，因此企业对这些数据的使用也应基于必要且适度使用的原则，而对超出必要范围的数据利用则需通过协议进行告知并获得授权。但是此处的"适度"相较于个人信息处理的"最小"原则，严苛程度相对较弱。

如企业未在合同中进行约定，但其利用技术开发或智力创造对所获得的企业数据进行加工转化，使其成为一种新的分析数据或者汇编集合，为该数据成果赋予了一定的独创性，达到了知识产权的认定标准，则可以依照传统知识产权路径加以保护。在早期的数据纠纷案件中，权利人主要以著作权受到侵害作为请求权基础提起诉讼，法院通过著作权相关法律规定对数据保护进行实践探索。在上海某信息咨询有限公司（以下简称"A公司"）诉北京某互联网信息服务有限公司（以下简称"B公司"）侵犯著作权纠纷案中，A公司作为A点评网的经营者，因B公司运营的B网吃喝频道中有11家餐馆简介来源于A点评网的商户简介，A公司遂以11家商户简介的著作权受到侵害为由将B公司起诉至法院。法院判决认定，A点评网11家商户简介中融入用户点评的文字部分均系简单的日常用语，并非具有独创性的文字表达，不能成为受著作权法保护的作品，但A点评网对11家餐馆所做的商户简介部分具有独创性，可以成为受著作权法保护的作品。B公司对A公司11家餐馆的商户简介部分构成著作权侵权，法院判决B公司承担停止侵权、消除影响、赔偿损失的法律责任。

"数据二十条"也提出要"保护经加工、分析等形成数据或数据衍生产品的经营权，依法依规规范数据处理者许可他人使用数据或数据衍生产品的权利，促进数据要素流通复用"。同时，相关衍生数据应不包含企业主体的商业秘密、侵害企业主体的合法权益或违反在先协议的约定。

因此，建议企业在协议中明确转让数据的内容与受让方的使用权和收益权权能，在现有法律与政策框架内尽可能地扩大保护范围、拓展保护路径，明确数据衍生资产的财产权益归属于自身，从而最大限度地避免可能产生的合同纠纷。

4.3　数据处理合规

企业处理数据的一般性合规要求为：合法、正当、必要、保障数据主体权利。具体应重点关注以下方面。

4.3.1 企业应具备相应的资质

《中华人民共和国数据安全法》第三十四条规定:"法律、行政法规规定提供数据处理相关服务应当取得行政许可的,服务提供者应当依法取得许可。"如根据《中华人民共和国电信条例》第九条,经营基础电信业务须取得《基础电信业务经营许可证》,经营增值电信业务须取得《跨地区增值电信业务经营许可证》或《增值电信业务经营许可证》(取决于业务覆盖范围);根据《互联网信息服务管理办法》第七条,从事经营性互联网信息服务,应当办理互联网信息服务增值电信业务经营许可证;等等。

企业需根据经营范围、数据种类、具体业务模式和技术部署等,取得相应的特定行政许可。除明确规定需要取得行政许可的业务之外,监管部门的一些规定实际上也创设了行政许可要求,如根据《区块链信息服务管理规定》第十一条,区块链信息服务提供者应当在提供服务之日起十个工作日内履行备案手续,通过国家互联网信息办公室区块链信息服务备案管理系统进行备案;根据《数据出境安全评估办法》第四条,满足一定条件的数据处理者向境外提供数据,应当通过所在地省级网信部门向国家网信部门申报数据出境安全评估。

4.3.2 数据处理需符合授权范围

《中华人民共和国数据安全法》第八条规定:"开展数据处理活动,应当遵守法律、法规,尊重社会公德和伦理,遵守商业道德和职业道德,诚实守信,履行数据安全保护义务,承担社会责任,不得危害国家安全、公共利益,不得损害个人、组织的合法权益。"对于企业数据的处理,现行法律法规仅进行了原则性的规定,《中华人民共和国数据安全法》第五十一条规定:"开展数据处理活动排除、限制竞争,或者损害个人、组织合法权益的,依照有关法律、行政法规的规定处罚。"《中华人民共和国数据安全法》第五十二条规定:"违反本法规定,给他人造成损害的,依法承担民事责任。"因此,企业处理数据的范围应当合理，处理目的应当合法、正当。企业进行数据处理的范围应为数据主体授权的范围和协议约定的范围，或其公示的使用规则中所承诺的数据处理范围。企业不得将收集的数据用于非法目的，不得使用非法手段或以非法形式使用数据。若企业超出前述范围处理数据，则可能构成民事违约和侵权、行政违法，经企业处理产生的数据产品等也会存在权利瑕疵。

在不涉及个人信息及重要数据的情况下，对于自行生产的数据，企业可以依据内部规定使用或加工，无特殊外部规则限制；对于直接采集的数据，企业应当在信息主体授权同意的范围内进行使用或加工；对于间接采集或被委托处理的数据，企业应当在协议约定的范围内进行使用或加工；对于公开采集的数据，企业的使用或加工不得超出合理目的限制，不得实质影响被采集方的商业利益。

4.3.3 数据处理行为需分类分级管理

企业应建立数据分类分级管理体系，在处理不同类型的数据时，采用相应程度的行为规范和管理制度。尤其是当企业处理的数据涉及个人信息、重要数据、核心数据时，应确保处理行为符合相关规定。例如，企业在处理重要数据、核心数据时，相关数据应存储在境内，非经批准不得向境外提供；企业处理涉及个人信息的数据时，应满足《中华人民共和国个人信息保护法》第十三条所规定的合法性基础。

在法律或行政法规层面，目前尚无统一的关于企业数据如何分类分级的管理办法，但已有个别部门制定相应的部门规章，对部门所属主管行业内的相关数据的分类分级做出指引或指南，如《工业数据分类分级指南（试行）》《证券期货业数据分类分级指引》。此外，全国信息安全标准化技术委员会及其秘书处在数据分类分级方面制定了相关的分类分级指引或指南，其中相对具有普遍指引作用的是全国信息安全标准化技术委员会秘书处于 2021 年 12 月发布的《网络安全标准实践指南——网络数据分类分级指引（TC260-PG-20212A）》，对数据分类分级的原则、流程、方法等做出了较为具体且详细的说明。企业可以依照《网络安全标准实践指南——网络数据分类分级指引》对企业数据进行全面排查梳理，将企业数据分为一般数据、重要数据与核心数据。此外，企业还可进一步将一般数据按照"数据一旦遭到篡改、破坏、泄露或者非法获取、非法利用，对个人、组织合法权益造成的危害程度"，从低到高分为"1级、2级、3级、4级"四个级别，对3级、4级一般数据采取更为严密的保护措施。

此外，由全国网络安全标准化技术委员会主导编写的《数据安全技术 数据分类分级规则》（GB/T 43697—2024）于2024年3月21日正式发布，并于2024年10月1日正式实施。一方面，该标准为行业领域主管部门制定本行业领域内的数据分类分级标准规范提供了参考；另一方面，其也为各行业、各部门的数据处理者开展数据分类分级工作提供了借鉴。

1. 数据分级分类存储

《中华人民共和国数据安全法》第二十一条规定："国家建立数据分类分级保护制度，根据数据在经济社会发展中的重要程度，以及一旦遭到篡改、破坏、泄露或者非法获取、非法利用，对国家安全、公共利益或者个人、组织合法权益造成的危害程度，对数据实行分类分级保护。"企业应对所存储的企业数据按照分级分类的原则，选择安全性能、防护级别与安全等级相匹配的存储载体对数据进行存储和管理。

对于重要数据与核心数据，《中华人民共和国网络安全法》第二十一条规定："网络运营者应当……采取数据分类、重要数据备份和加密等措施"。企业应对所存储的企业数据按照分级分类的原则，选择安全性能、防护级别与安全等级相匹配的存储载体对数据进行存储和管理，对国家规定的重要数据、核心数据应采取加密存储措施。对此，企业可以参照《工业互联网企业网络安全第4部分：数据防护要求（征求意见稿）》的规定。在数据存储环节，对于确需保密的一般数据，可采用加密技术、数字签名、校验技术等技术，实现存储数据的机密性、完整性和可用性；对于重要数据和核心数据，必须采用上述技术手段以实现数据的安全存储，不得直接提供存储系统的公共信息网络访问。在数据传输环节，对于一般数据，应根据实际需求，采用数据加密、数据脱敏、校验技术、安全传输通道或者安全传输协议等措施保证数据传输安全；对于重要数据和核心数据，必须采用数据加密、数据脱敏、校验技术、数字签名等技术，保证工控指令等数据在传输过程中的机密性、完整性和可用性。

《中华人民共和国网络安全法》第二十一条还规定："网络运营者应当……保障网络免受干扰、破坏或者未经授权的访问"。因此，企业应当根据业务需要对不同角色接触、处理数据的权限进行梳理，针对不同的访问需求，规范数据访问权限，并严格记录访问情况，实现内部数据操作行为的有效控制与监管。

此外，《中华人民共和国网络安全法》第二十五条规定："网络运营者应当制定网络安全事件应急预案，及时处置系统漏洞、计算机病毒、网络攻击、网络侵入等安全风险；在发生危害网络安全的事件时，立即启动应急预案，采取相应的补救措施，并按照规定向有关主管部门报告。"企业应在各环节配备相应的应急处置机制，采取防范计算机病毒和网络攻击、网络侵入等危害网络安全行为的技术措施；采取监测、记录网络运行状态、网络安全事件的技术措施，并按照规定留存相关的网络日志不少于6个月；制定网络安全事件应急预案；加强风险监测，制定数据安全风险事件处置措施。一旦发生安全事件，企业需确保具有完善的应急预案和应对处理机制，防止事态进一步扩大。

对于数据存储地点，《中华人民共和国数据安全法》第三十一条规定："关键信息基础设施的运营者在中华人民共和国境内运营中收集和产生的重要数据的出境安全管理，适用《中华人民共和国网络安全法》的规定；其他数据处理者在中华人民共和国境内运营中收集和产生的重要数据的出境安全管理办法，由国家网信部门会同国务院有关部门制定。"第三十六条规定："非经中华人民共和国主管机关批准，境内的组织、个人不得向外国司法或者执法机构提供存储于中华人民共和国境内的数据"。《中华人民共和国网络安全法》第三十七条规定："关键信息基础设施的运营者在中华人民共和国境内运营中收集和产生的个人信息和重要数据应当在境内存储"。《数据出境安全评估办法》第四条规定："数据处理者向境外提供数据，有下列情形之一的，应当通过所在地省级网信部门向国家网信部门申报数据出境安全评估：（一）数据处理者向境外提供重要数据；（二）关键信息基础设施运营者和处理100万人以上个人信息的数据处理者向境外提供个人信息；（三）自上年1月1日起累计向境外提供10万人个人信息或者1万人敏感个人信息的数据处理者向境外提供个人信息；（四）国家网信部门规定的其他需要申报数据出境安全评估的情形。"根据工业和信息化部发布的《工业和信息化领域数据安全管理办法（试行）》第二十一条，工业和信息化领域数据处理者在中华人民共和国境内收集和产生的重要数据和核心数据，法律、行政法规有境内存储要求的，应当在境内存储，确需向境外提供的，应当依法依规进行数据出境安全评估，未经工业和信息化部批准不得向外国工业、电信、无线电执法机构提供存储于中华人民共和国境内的工业和信息化领域数据。根据《汽车数据安全管理若干规定（试行）》第二十一条，重要数据应当依法在境内存储。

现行法律未明确禁止核心数据的出境，但由于核心数据的保护程度相较于重要数据更为严格，因此不能认定为核心数据出境无须申报安全评估。因此，在国家明确针对核心数据的特殊保护措施之前，核心数据应参照重要数据保护制度，并应采取更为严格的保护措施。参考《工业和信息化领域数据安全管理办法（试行）》和《汽车数据安全管理若干规定（试行）》，重要数据和核心数据原则上均应当依法在境内存储，确需向境外提供的应当进行数据出境安全评估。

2. 数据删除

对于企业所持有的涉及个人信息的数据，应严格遵守《中华人民共和国个人信息保护法》的相关要求。企业作为个人信息处理者，当处理目的实现或个人撤回同意后，应及时对相关数据进行删除、销毁或做匿名化处理。

对于不涉及个人信息的企业数据，目前在法律上并无强制删除要求。但企业应关注不完整的数据删除带来的风险，在数据删除阶段，应当有健全的删除手段和删除程序，避免已删除数据被恶意恢复的风险。

参照工业和信息化部印发的《工业和信息化领域数据安全管理办法（试行）》第二十条之规定："工业和信息化领域数据处理者应当建立数据销毁制度，明确销毁对象、规则、流程和技术等要求，对销毁活动进行记录和留存。个人、组织按照法律规定、合同约定等请求销毁的，工业和信息化领域数据处理者应当销毁相应数据。工业和信息化领域数据处理者销毁重要数据和核心数据后，不得以任何理由、任何方式对销毁数据进行恢复，引起备案内容发生变化的，应当履行备案变更手续。"

3. 网络安全等级保护制度

企业还需根据数据分类分级情况具备相应的数据安全保护能力。《中华人民共和国网络安全法》第二十一条明确规定，国家实行网络安全等级保护制度。网络运营者应当按照网络安全等级保护制度的要求，履行安全保护义务，保障网络免受干扰、破坏或者未经授权的访问，防止网络数据泄露或者被窃取、篡改。依据现行监管要求，所有网络运营者、所有网络系统均应当属于网络安全等级保护范围。依据公安部《关于落实网络安全保护重点措施 深入实施网络安全等级保护制度的指导意见》，所有网络系统均被纳入等级保护定级范围，包括基础网络、业务专网、信息系统、云平台、工控系统、物联网、采用移动互联技术的系统、大数据等。

我国将等级保护对象按照受破坏时所侵害的客体和对客体造成侵害的程度，从低到高划分了五个安全保护等级：

第一级，等级保护对象受到破坏后，会对公民、法人和其他组织的合法权益造成损害，但不损害国家安全、社会秩序和公共利益；

第二级，等级保护对象受到破坏后，会对公民、法人和其他组织的合法权益产生严重损害，或者对社会秩序和公共利益造成损害，但不损害国家安全；

第三级，等级保护对象受到破坏后，会对公民、法人和其他组织的合法权益产生特别严重损害，或者对社会秩序和公共利益造成严重损害，或者对国家安全造成损害；

第四级，等级保护对象受到破坏后，会对社会秩序和公共利益造成特别严重损害，或者对国家安全造成严重损害；

第五级，等级保护对象受到破坏后，会对国家安全造成特别严重损害。

在实际应用中，定级主要参考行业要求和业务的发展体量，普通系统一般定为二级，而存储较多敏感信息、重要数据的系统则需要定为三级或三级以上。大部分信息系统的安全保护等级处于二级或三级，目前已确定的最高等级为四级，尚无系统被认定为第五级。

4.4 数据经营合规

4.4.1 企业作为数据处理者对外提供数据产品或服务

在数据对外提供中，企业作为数据提供方（无论其是否为原始数据主体）只能在其合法享有的财产性权益范围内进行对外提供，且涉及个人信息的数据使用受限于个人信息的人格权。企业对数据需求方尽职调查和评估的主要目的是勤勉尽责，确认购买数据的一方是否系合法的民事法律主体以及是否具备相应资质，对数据需求方的基本情况和拟交易数据的使用场景合规性等进行调查，包括公司基本情况、主要业务类型（尤其是涉及数据领域的业务概况）、公司信用情况、公司涉诉和行政处罚情况、是否在过去3年有数据相关行政处罚和诉讼以及其他重大涉诉和行政处罚案件，以及交易数据产品的动因、用途或目的合法性及其可能的利益相关方。该部分的目的在于确定数据交易主体具备法律所规定的从事民事活动的主体资格及行为能力，具备进行数据交易行为的主体资格；考察数据交易主体是否全面履行了《中华人民共和国网络安全法》《中华人民共和国数据安全法》《中华人民共和国个人信息保护法》及其他相关的现行有效的法律法规项下对于企业的整体义务。

在上述基础之上，数据交易主体是否被认定为关键信息基础设施运营者，是否属于特殊监管行业，是否具有其他特殊监管要求等也系评估内容之一。

在实际数据产品交易场景中，企业应当限定数据产品的使用条件并约定约束机制，例如对数据使用主体的资质和使用期限、能否转售、再许可、能否出境或在境外使用等做出明确要求。如果数据产品本身的可流通性具有特殊限制，《中华人民共和国数据安全法》第三十四条规定："法律、行政法规规定提供数据处理相关服务应当取得行政许可的，服务提供者应当依法取得许可。"即数据交易主体应在取得相应资质或者许可牌照的前提下获得数据产品、开展数据处理与经营活动；依据自然资源部发布的《关于加强智能网联汽车有关测绘地理信息安全管理的通知》，智能网联汽车的测绘活动属于测绘监管范围，相关企业应取得测绘资质或委托具有相应测绘资质的单位开展。

具体而言，包括如下方面：

其一，针对数据本身，建议企业对数据产品的类型、内容、范围、规模、来源、格式、质量、提供方式（一次性提供或持续更新）等进行明确。

其二，针对与数据接收方之间的协议，建议企业在协议中对数据交易双方的权利义务进行设定。例如，对数据的合规情况和质量标准进行约定；对拟交易数据进行必要的去标识化或匿名化处理的义务进行规定；结合具体场景，对拟交易数据的范围、是否涉及更新及更新频次、是否允许转让或公开、是否有使用限制以及是否可以跨境传输等具体问题进行约定；对拟交易数据的使用场景和数据需求方的数据安全保障义务进行约定；明确第三方是否可以访问或使用该数据产品以及具体的范围限制等；针对数据产品的用途，不仅要对数据需求方所明示的使用目的进行必要的真实性、合理性判断，同时也应要求数据需求方做出相应的合法使用承诺；此外，还应要求数据需求方在按照数据交易约定的方式完成数据使用后，及时销毁交易数据、不得存有备份，并提供数据销毁证明文件。此外，为防止任意一方的合同目的无法实现，比如当数据泄露等安全事件导致一方遭受财产损害或者一方违反合同义务条款的情形发生时，守约方无合同明确的责任承担约定条款作为权利主张的抓手，应事先就己方较为重视与在意的部分和情形设置相应的违约责任条款。例如，基于数据产品无形性、易复制性的特点，如供需双方对交易不满，数据产品可能无法实现"退货"，数据需求方可能会留有备份，对此，数据供应方可以在合同中要求数据需求方及时删除相应的数据及信息，并出具删除证明且不得留有备份，并设定违反前述约定的相应罚则。

其三，针对数据产品及衍生数据的财产性权益归属，企业应采用书面协议的方式明确数据权属，包括何方享有技术开发成果的知识产权；数据需求方在交易数据的基础上进行分析、加工、整理、融合而形成的具有市场价值的衍生数据或数据衍生产品，该衍生数据或数据衍生产品的持有权、加工使用权、经营权归属于哪方主体。目前的司法实践中，一般认为数据处理者投入人力、物力、财力对数据进行收集、加工、整理后，其对该数据享有财产性权益。如各大互联网平台对其依法获取的各类数据以及在这些数据基础上开发的数据衍生产品具有相应的数据权益，其他主体非授权使用可能会因侵犯其数据权益而构成不正当竞争。因而，企业应在数据交易协议中明确交易数据及数据衍生产品的持有权、加工使用权、经营权等权属。

其四，针对企业对数据产品需求方的审查，建议企业基于勤勉尽责的要求，对数据需求方是否系合法的民事法律主体、是否具备相应资质、拟交易数据的使用场景合规性等进行调查，审查数据需求方的资质及数据安全保护能力。

其五，针对企业自身数据产品输出的要求，建议企业设置数据安全突发状况的应急处置方案，例如黑客攻击或数据泄露等。由于数据一旦发生泄露，所造成的损害一般是不可逆的，因而企业除了要在事前对数据安全保障义务进行约定，最大程度地降低数据安全隐患外，还要对事后的应急处置方案进行设计，例如当数据交付后发生数据泄露时，数据需求方应及时排查并通知数据提供方，告知泄露原因、泄露范围、采取的补救措施以及后续整改方案等，企业也可据此决定是否继续履行或提前终止合同。

其六，针对企业数据产品的交付，建议企业应当限定数据产品的使用条件和约束机制。此外，在一些数据交易中，并非仅仅涉及数据产品的简单交付，也可能涉及数据交易结构的设计、数据合法性评估、数据质量评估、数据定价咨询以及数据加工处理等，因而，数据交易双方可能与第三方服务商建立合作关系并签署合作协议，形成一系列合作协议。该系列合作协议应注意约定清楚各方各自承担的权利义务边界，避免各协议中出现相互矛盾的条款，以防在潜在争议发生时出现因约定不明而对己方不利的情况和结果。

企业作为数据处理者对外提供数据产品或服务的情况下，除履行《中华人民共和国数据安全法》《中华人民共和国网络安全法》等要求的数据处理者的义务之外，也应对数据接收方进行相应的审查。在数据需求方接收相关数据并开展处理活动后，数据供应方应在合理限度内监督数据需求方的数据处理活动，确保合同约定的合规义务得到履行。

4.4.2 企业作为受托数据处理者对外提供数据产品或服务

截至本书完稿时，监管部门尚未在现行法律法规中对企业数据的委托处理做出概念性的界定，依据《网络数据安全管理条例（征求意见稿）》之附则"（七）委托处理是指数据处理者委托第三方按照约定的目的和方式开展的数据处理活动。"和《中华人民共和国民法典》对"委托"的规定，数据处理的委托场景，可以理解为受托数据处理者以委托方的名义处理数据，而相关法律后果由委托方承担。

在企业作为受托数据处理者的场景下，企业应依据委托方的目的及要求，并以委托方的名义开展具体的数据处理活动。委托方作为数据处理者，在数据处理活动中自主决定处理目的、处理方式。在实质方面，企业对委托方所委托的数据的所有处理活动、处理目的和处理方式都应在合同约定范围之内，不得进行超出约定范围的任何处理活动。但如企业未履行或疏于履行数据安全责任，损害个人、组织合法权益或侵害社会公共利益的，可能会因违反法定义务而承担侵权责任。

在受托处理场景下，企业可能是接受委托方的委托对数据进行加工处理后向委托方提供，也可能作为委托方数据产品或服务的对外提供通道。

在作为受托数据处理者的情况下，企业并非责任承担的主体，数据处理者的责任义务由委托方承担，企业的责任义务主要来源于委托方之间的协议约定。但企业仍可能承担因数据安全保护能力不足而产生的数据泄露等安全问题所带来的责任。此外，企业也可能因协议约定不明，导致受托数据处理者的身份不明确，从而被认定为数据处理者，承担数据处理的责任义务。

在向委托方提供服务时，企业宜对委托方进行必要的调查，确保其系依据中国法律成立的有效主体，能够承担民事法律责任；与委托方对数据产品的类型、内容、范围、规模、来源、格式、质量、一次性提供还是持续更新等进行明确；在协议中对数据交易双方的权利义务进行设定，并采取必要的数据安全保护措施。

在作为通道对外提供数据产品或服务时，企业应在与委托方及下游的协议中约定清楚各方各自承担的权利义务边界，避免各协议中出现相互矛盾的条款；通过书面协议方式明确交易数据及数据衍生产品的持有权、加工使用权、经营权等权属，并采取必要的数据安全保护措施。

4.5 数据管理合规

如前所述,数据管理合规所关注的是企业数据管理体系和内控制度是否健全,是否能够有效降低企业出现数据安全事故等风险,这既是企业开展数据合规管理工作的基础和前提,亦是企业数据安全管理能力的集中体现之一。目前,我国形成了以《中华人民共和国网络安全法》《中华人民共和国数据安全法》《中华人民共和国个人信息保护法》为核心的数据流通利用体系,而此亦对企业的数据合规管理体系提出了要求。结合我国数据领域相关监管规则,以及企业的经营实践,笔者将现阶段企业数据合规管理体系的建设要点总结为如下内容。

4.5.1 数据合规管理组织体系是否合理、完善

1. 数据合规管理——负责人

根据《中华人民共和国网络安全法》第二十一条,网络运营者应当确定网络安全负责人,落实网络安全保护责任。根据《中华人民共和国数据安全法》第二十七条,重要数据的处理者应当明确数据安全负责人,落实数据安全保护责任。

实践中,企业数据合规的第一负责人一般由企业法定代表人或主要负责人担任,对企业整体数据合规建设承担领导责任。其具体职责包括但不限于:为企业数据合规管理制度体系的建构和运行提供必要的资源保障和条件支持,确保合规管理制度体系有效运转并持续改进;确立企业数据合规方针与合规目标,确保其与企业战略方向保持一致;为企业数据合规管理部门独立履职提供保障;审批企业重大数据合规事项;确保将数据合规管理要求融入企业的业务过程;确保建立有效的数据违规举报与惩处机制;树立并贯彻企业数据合规观念与文化。自2021年11月,工业和信息化部发布《"十四五"大数据产业发展规划》,明确提出推广首席数据官制度以来,各地区、各企业纷纷开展首席数据官制度的探索,明确首席数据官的职责和要求。目前国内很多省市也出台了首席数据

官制度，作为企业管理数据资源的第一责任人。首席数据官作为推动组织实现数据驱动的责任人，承担着从整体层面规划数据战略、协调内外部数据资源、拓展数据业务、挖掘数据价值、推动数据合规有效利用、保障数据隐私和安全的关键角色。

此外，《中华人民共和国个人信息保护法》第五十二条规定："处理个人信息达到国家网信部门规定数量的个人信息处理者应当指定个人信息保护负责人，负责对个人信息处理活动以及采取的保护措施等进行监督。"对于"规定数量"的要求，可参考《信息安全技术 个人信息安全规范》（GB/T 35273—2020），即主要业务涉及个人信息处理，且从业人员规模大于 200 人；处理超过 100 万人的个人信息，或预计在 12 个月内处理超过 100 万人的个人信息；处理超过 10 万人的个人敏感信息的。也即企业在作为个人信息处理者处理个人信息时，只要达到了上述条件之一，就应当设立个人信息保护负责人。在目前的企业实践中，担任个人信息保护负责人的有企业首席技术官（CTO）、首席信息官（CIO）、合规部门负责人、法务部门负责人甚至技术部门负责人等，尚未形成统一意见。但一般认为，出于对企业个人信息保护制度的重视，从企业管理运营架构上看，个人信息保护负责人应当具有较高级别。

2. 数据合规管理——管理部门

根据《中华人民共和国数据安全法》第二十七条，重要数据的处理者应当明确数据安全管理机构，落实数据安全保护责任。对此，建议企业设置专门的数据合规管理部门，并为其提供足够的授权、人力、财力来支持数据合规管理体系的运行。企业数据合规管理部门的职责应包括如下内容：组织制定企业数据合规管理制度规范与合规计划，并推动其有效实施；统筹实施数据合规管理工作，对数据合规管理情况进行评估与检查；建立数据合规举报与调查机制，对数据合规举报制定调查方案并开展调查；定期组织或协助人事部门开展数据安全合规培训，为企业相关内部职能部门提供数据合规咨询与支持；向数据合规管理负责人及管理层报告数据合规重大风险和数据合规工作的落实情况等。

3. 数据合规管理——执行部门

企业数据合规管理的执行部门一般为企业各业务部门，或是由数据合规管理部门向各业务条线派驻合规专员（数据合规 BP 岗位），其任务为确保部门员工贯彻落实企业的数据合规管理相关要求，监测并报告数据处理工作中的数据安全合规风险，根据实际情况及时采取适当的数据安全保护措施，以及配合数据合规管理部门开展合规风险审查、评估及整改工作等。

4.5.2 数据合规管理制度体系是否完善、可执行

1. 数据分类分级保护制度

《中华人民共和国数据安全法》第二十一条规定："各地区、各部门应当按照数据分类分级保护制度，确定本地区、本部门以及相关行业、领域的重要数据具体目录，对列入目录的数据进行重点保护。"《中华人民共和国个人信息保护法》第五十一条同样也规定了个人信息处理者要对个人信息实行分类管理。可以说，数据分类分级是企业进行数据合规管理的基础，没有数据分类分级，数据的合规管理也就缺乏具有可执行性的操作基础。因此，构建数据分类分级管理制度是数据合规管理体系中的重要一环。

企业应根据自身业务内容定期对企业持有的数据进行全面梳理，结合所属行业、地区的相关标准及企业自身的业务特性构建数据分类分级体系，定期梳理数据字段对应的分类分级规则，并根据企业的实际运行情况进行调优。在建立数据分类分级标准后，企业应明确不同类别级别数据的操作要求和保护措施。

2. 数据全生命周期管理制度

根据《中华人民共和国数据安全法》第三条，数据处理包括数据的收集、

存储、使用、加工、传输、提供、公开等。对此，企业应针对数据全生命周期的各个环节制定相应的操作规范及配套规则。例如，在数据收集阶段，企业应分别对自行生产、公开采集、直接采集及间接获取等来源渠道的数据制定合理的来源合规性审查标准；在数据存储和使用、加工阶段，企业应根据数据的重要、敏感程度进行数据分级分域管理，制定相应的数据存储介质管理制度，并通过数据权限机制实现对相关数据的访问控制；在数据传输、提供阶段，企业应采取加密等安全保护措施确保数据传输介质和环境的安全，保障重要数据和敏感个人信息传输过程的安全性，防范未经授权的访问和数据泄露，还应当加强对合作方的合规管理，明确信息系统开发及运维、数据存储、数据处理等合作方的准入标准和资格审查机制，并通过签订合规协议等方式明确双方的权利和义务，以及合作方的数据处理权限、应采取的安全保护措施等事项。

3. 数据安全事件应急预案制度

《中华人民共和国网络安全法》第二十五条规定："网络运营者应当制定网络安全事件应急预案，及时处置系统漏洞、计算机病毒、网络攻击、网络侵入等安全风险；在发生危害网络安全的事件时，立即启动应急预案，采取相应的补救措施，并按照规定向有关主管部门报告。"《中华人民共和国数据安全法》第二十九条规定："开展数据处理活动应当加强风险监测，发现数据安全缺陷、漏洞等风险时，应当立即采取补救措施；发生数据安全事件时，应当立即采取处置措施，按照规定及时告知用户并向有关主管部门报告。"同样，《中华人民共和国个人信息保护法》第五十一条亦规定个人信息处理者应制定并组织实施个人信息安全事件应急预案。

对此，企业应构建数据安全事件应急预案制度，建立数据安全事件应急处置工作机制，制定专门的流程和预案，定期开展应急演练，降低因发生网络安全、数据安全事件而带来的损失和风险。当发现数据安全缺陷、漏洞等风险时，企业应当立即采取预防、补救措施，并按照规定向有关主管部门报告。

4. 数据合规风险评估制度

《中华人民共和国数据安全法》第三十条规定："重要数据的处理者应当按照规定对其数据处理活动定期开展风险评估，并向有关主管部门报送风险评估报告。"《中华人民共和国个人信息保护法》第五十五条也规定了个人信息处理者应当事前进行个人信息保护影响评估的 5 种情形[一]。《中华人民共和国网络安全法》第三十八条同样规定："关键信息基础设施的运营者应当自行或者委托网络安全服务机构对其网络的安全性和可能存在的风险每年至少进行一次检测评估，并将检测评估情况和改进措施报送相关负责关键信息基础设施安全保护工作的部门。"

企业的数据合规风险评估工作需要各业务部门配合开展，尤其是对需要进行个人信息保护影响评估的场景的识别。企业应建立完善的数据合规风险评估体系，以实现跨部门的高效、快速配合，并按照相关规定要求及时完成各类数据合规风险评估。

5. 数据合规管理教育培训机制

根据《中华人民共和国数据安全法》第二十七条，开展数据处理活动的主体应当组织开展数据安全教育培训。《中华人民共和国个人信息保护法》第五十一条也规定了个人信息处理者应定期对从业人员进行安全教育和培训。《中华人民共和国网络安全法》第三十四条同样规定了关键信息基础设施的运营者应当定期对从业人员进行网络安全教育、技术培训和技能考核。

对此，企业应定期组织开展数据合规教育培训及考核工作，确保内部人员充分了解数据法规、数据合规义务等，增强企业内部人员的数据合规意识。

[一] 5 种情形包括处理敏感个人信息；利用个人信息进行自动化决策；委托处理个人信息、向其他个人信息处理者提供个人信息、公开个人信息；向境外提供个人信息；其他对个人权益有重大影响的个人信息处理活动。

第5章 CHAPTER

数据资产入表的准备工作及注意事项

企业数据资产入表是一项综合且复杂的工作，需要企业具备相当的数据治理能力与多部门协调能力。一般而言，目前阶段的企业数据资产入表工作是一把手工程，因为涉及一定的成本支出而产出不易量化，所以只有在企业主要负责人重视的情况下才可能顺利推进。企业数据资产入表的工作同时可能涉及信息技术部门、财务部门、法律合规部门等部门，需要大量的协调。在计划启动数据资产入表的工作时，除了上述的企业内部领导和协调事宜之外，仅从数据资产入表的工作推进角度看工作内容重点，企业需要提前进行哪些准备工作？又有哪些注意事项？

对此，本章将从企业数据治理合规情况的审查要点、数据处理活动成本的计量、数据资产入表相关信息披露三个代表性方面切入，介绍企业数据资产入表相关的工作，并明确在进行相关准备工作时具体的注意事项。

5.1 做好企业数据治理合规情况的审查

如前所述,数据确权问题在根本上无法回避。企业在根据《暂行规定》以历史成本将数据资源记入资产负债表时,并无法定要求其需明确数据资源为何种数据权属,只要企业认为合法拥有,确信是合理合法使用即可入账。但是在入表后,企业的财务报告能否被审计机构认可,以及在数据资产后续的金融应用时能否被资产评估机构和金融机构认可,都取决于是否"合法拥有或控制",不可避免地涉及数据权属问题。是否能被认可和如何判断与确认"合法控制"以及权利是否有瑕疵,在实践中将是非常谨慎复杂的问题。

"确权"的过程中除了需要对权利性质进行判断,还涉及企业数据治理的合规问题,企业在进行数据资产入表前可以参照图 5-1 对自身的数据治理体系进行初步合规评估,具体事项还可参照上文提及的企业数据资产入表涉及的合规问题。

5.1.1 数据经营合规性审查

数据经营合规性审查着眼于企业在数据处理活动中整体的合规性,以确保企业在数据领域的经营业务符合法律法规的要求。监管部门对部分行业的企业在处理特定数据时具有强制性、法定性的要求、门槛及前提,以防范企业违规处理和数据安全问题的产生。《中华人民共和国数据安全法》第三十四条规定:"法律、行政法规规定提供数据处理相关服务应当取得行政许可的,服务提供者应当依法取得许可。"

因此,企业应明确自身的数据收集、处理等行为是否需要相应的特殊资质、许可或备案。如根据《中华人民共和国电信条例(2016 修订)》,经营电信业务,必须取得国务院信息产业主管部门或者省、自治区、直辖市电信管理机构颁发的电信业务经营许可证,例如 EDI 许可证、ICP 许可证等;根据《中华人民共和国气象法(2016 修正)》,从事气象探测的组织和个人,应当按照国家有关规定向国务院气象主管机构或者省、自治区、直辖市气象主管机构汇交所获得的气象探测资料。

第 5 章　数据资产入表的准备工作及注意事项

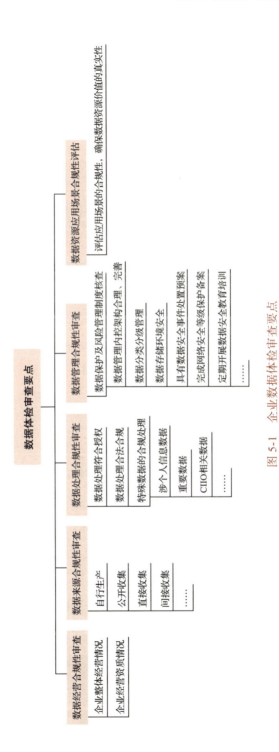

图 5-1　企业数据体审查要点

此外，企业应定期审查自身的经营范围内是否存在监管部门新增的资质要求、许可或备案，紧跟相关法律法规和政策文件的动态，以确保其数据处理活动始终符合法律法规的要求。

5.1.2　数据来源合规性审查

数据来源合规性审查是数据治理合规性的重点问题。企业对数据来源的各种渠道均需进行评估分析，穿透审查数据来源并留存相关审查记录。对于间接获取的数据，企业需要求数据提供者提供相应的合规证明、出具承诺或通过合同方式尽可能地约定相关权利，确保数据来源合法可追溯；对于直接采集的数据，企业应在数据主体的授权或协议范围内处理数据，不得超过协议约定的范畴；对于自行生产的数据，企业应确保不存在其他利益相关方，具有数据生产全流程的有效证明；对于公开收集的数据，企业应确保数据采集的手段、方式、内容合法合规，未损害其他方的利益、公共利益、商业秘密或违反行业惯例、商业道德等。

5.1.3　数据处理合规性审查

数据处理合规性审查关注企业完成数据收集后内部处理阶段的行为，包括存储、使用、加工、传输、提供、公开等。一方面，企业数据处理的合规性首先应当遵循现行法律法规的规定，《中华人民共和国数据安全法》第八条规定："开展数据处理活动，应当遵守法律、法规，尊重社会公德和伦理，遵守商业道德和职业道德，诚实守信，履行数据安全保护义务，承担社会责任，不得危害国家安全、公共利益，不得损害个人、组织的合法权益。"对于企业数据处理，现行法律法规仅进行了原则性的规定，但目前实践中一般要求企业应当履行数据安全保护义务，采取必要的安全保障措施，确保数据处于有效保护和合法利用的状态，以及具备保障持续安全状态的能力，包括数据加密、身份验证、访问控制等手段。

另一方面，《中华人民共和国数据安全法》第五十一条规定："开展数据处理活动排除、限制竞争，或者损害个人、组织合法权益的，依照有关法律、行政法规的规定处罚。"第五十二条规定："违反本法规定，给他人造成损害的，依法承担民事责任。"企业数据处理应当遵循协议、授权书或其他在先法律文件的要求，对于非自行生产的数据，企业数据处理的范围应限于协议约定的范围及方式，或公示的使用规则承诺的数据处理要求。

5.1.4 数据管理合规性审查

现行数据领域的"三驾马车"对企业的数据管理提出了明确要求。《中华人民共和国数据安全法》第二十七条要求企业开展数据处理活动应当依照法律、法规的规定，建立健全全流程数据安全管理制度，组织开展数据安全教育培训，采取相应的技术措施和其他必要措施，保障数据安全。利用互联网等信息网络开展数据处理活动，应当在网络安全等级保护制度的基础上，履行数据安全保护义务；《中华人民共和国网络安全法》第十条、第二十一条、第二十五条要求网络运营者建立完善的网络运营保障体系，制定内部安全管理制度和操作规程，确定网络安全负责人，落实网络安全保护责任，制定网络安全事件应急预案，保护网络能够安全、平稳运行而不受外部的干扰和破坏；《中华人民共和国个人信息保护法》第五十一条要求作为个人信息处理者的企业应制定内部管理制度和操作规程、对个人信息实行分类管理、采取相应的加密及去标识化等安全技术措施、合理确定个人信息处理的操作权限、定期对从业人员进行安全教育和培训、制定并组织实施个人信息安全事件应急预案、定期对其处理个人信息的情况进行合规审计、事前进行个人信息保护影响评估等。

5.1.5 数据资源应用场景合规性评估

数据的价值在流通利用的过程中体现，但数据的流通利用必须符合法律法规等的要求，包括但不限于：第一，主体资格要求，例如未获得甲级测绘资质的企业不得持有高精地图数据；第二，地域要求，例如未经法定程序，不得向境外提供个人信息或重要数据；第三，行业要求，例如未取得征信牌照的企业不得在征信业务中向银行提供信用信息等。

因此，企业数据资产入表需对数据资源的流通应用场景进行评估，包括数据资源是内部使用或外部使用、数据资源是否对外提供或销售、数据资源对外提供的下游使用场景、数据资源的使用场景是否合法合规、数据资源是否涉及跨境、数据资源的应用场景是否能够为企业带来利益等。

由于企业在数据资产入表过程中的前期准备涉及各个方面，需依据现行法律法规逐一确认企业数据处理行为及数据资源的合法合规性，未来企业在将数据资产入表时，有必要自行或委托第三方对数据资源开展法律尽调。

5.2 做好数据处理可记录与处理成本可计量工作

根据《暂行规定》，拟入表的数据资产需要能够准确计量其历史成本。这就要求企业在将数据资源确认为资产计入资产负债表时，需要明确形成该资产所投入的成本。但在实践中，企业在进行数据产品管理时往往以满足特定需求为出发点，数据采集、清洗加工、建模开发、安全存储等环节的成本管控做得相对粗放，且数据业务部门和财务部门之间存在较明显的信息不对称，导致数据产品的成本归集存在困难，进而导致"入表难"。[一]

对于企业外购的数据资源，其成本即为交易费用，相对简单和清晰。但对于企业自行开发的数据资源，若企业拟将其确认为资产，则需要能够清晰、准确、全面地确认企业在处理相关数据资源时所投入的成本，这无疑对企业的经营管理能力、跨部门信息共享、数据记录等提出了更高的要求。对此，企业若

[一] 赵丽芳、刘小钰于2023年12月27日发布在"上海数据交易所"微信公众号，题为《数据资产入表十大挑战与处理办法》，访问链接为 https://mp.weixin.qq.com/s/_Zddo0Lf1FsBfy2-TJpZ4Sw。

有数据资产入表的计划，则应提前进行管理制度与管理体系的准备，以应对数据资产成本归集的挑战。企业应当结合实践对数据产业链进行科学规划，合理布局数据加工链条中涉及的部门并落实工时管理系统，为数据产品开发流程中相关成本投入的可靠计量提供可靠依据。

此外，因数据资产具有虚拟性和抽象性，并且其本身即无数数据的集合（甚至还可能处于实时变动的状态），因此数据资产的边界难以像其他有形资产或知识产权等得以清晰而直观地确认。如果始终保持这种模糊性，即企业不能通过有力的客观证据证明入表数据资产的边界，则不仅在审计、评估时难以过关，亦会为后续金融衍生业务的应用造成阻力。对此，企业应加强对数据处理过程的留痕与记录，为入表动作时确认数据资产提供明确依据。

成本归集和可靠计量主要是财务和会计角色的工作，本书不做重点分析。

5.3 充分做好数据资产入表的信息披露工作

《暂行规定》实施后，数据资产入表作为影响深远的新事物，涉及巨大的商业利益，需稳步推进。而在数据资产基础上的金融业务亦需注意风险，例如在数据资产质押融资、数据信托等数据资产管理和数据资产证券化、企业并购和 IPO 等业务中，如何科学、合理地认定数据资产也将是挑战。

对于数据资产入表的风险与挑战，我们理解《暂行规定》除了在附则中规定在《暂行规定》施行前已经费用化计入损益的数据资源相关支出不再调整外，主要是通过加强信息披露的方式加以积极稳妥地解决，创新性地采取"强制披露加自愿披露"方式，围绕各方的信息需求重点，一方面细化企业会计准则要求披露的信息，另一方面鼓励引导企业持续加强自愿披露，向利益相关方提供更多与发挥数据资源价值有关的信息。

首先，明确和细化企业会计准则要求应当披露的信息，如要求企业在编制资产负债表时，应当根据重要性原则并结合本企业的实际情况，在"存货"项目和"无形资产"项目下增设"其中：数据资源"项目；企业应当按照相关企业会计准则及本规定等，在会计报表附注中对数据资源相关会计信息进行披露；企业对数据资源进行评估且评估结果对企业财务报表具有重要影响的，应当披露评估依据的信息来源、评估结论成立的假设前提和限制条件、评估方法的选择，以及各重要参数的来源、分析、比较与测算过程等信息。

其次，规定企业可以根据实际情况，自愿披露数据资源（含未作为无形资产或存货确认的数据资源）的相关信息，鼓励引导企业向利益相关方提供更多与发挥数据资源价值有关的信息，例如数据资源的应用场景或业务模式、对企业创造价值的影响方式；用于形成相关数据资源的原始数据的类型、规模、来源、权属、质量等信息；数据资源的应用情况，包括数据资源相关产品或服务等的运营应用、作价出资、流通交易、服务计费方式等情况；重大交易事项中涉及的数据资源对该交易事项的影响及风险分析；数据资源转让、许可或应用所涉及的地域限制、领域限制及法律法规限制等权利限制等。根据《暂行规定》，目前数据资产的账面价值均以成本法计量，这仍有可能无法反映企业相关数据资源的真实价值。因此，充分把握《暂行规定》赋予企业自愿披露相关信息的权利，对相关数据资产的具体情况进行真实、准确的披露，对体现企业的数据资产优势有着重要意义。

需要注意的是，自愿披露的内容对企业尤其是上市公司提出了较高的要求。在披露内容不准确或存在误导的情况下，自愿披露是把双刃剑，可能会为企业带来虚假陈述等法律风险，因此企业对数据资产的信息披露需要建立严格的确认和审核制度。目前从 2024 年一季度和半年报的公布情况来看，确实有不少企业在数据资产入表的信息披露方面出现了问题，例如将无形资产误入存货，或在公告入表后又更正入表错误、取消入表等，均是不严肃、不专业的体现，表明部分企业在入表前的审核不够认真专业。

5.4 将数据资源确认为"存货"时对"出售"的判断

目前，场内、场外的数据产品交易虽名为数据交易，但是审视具体的合同，鲜见以"交易""买卖""出售"为合同义务履行的行为界定，基本上均为"数据许可协议""技术服务协议"。这种情况的出现主要是因为数据的权属以及边界不清，企业欲避免出现"交易""买卖"这些敏感词语。根据《暂行规定》，若将数据资源确认为存货，则需满足相关数据资源系"日常活动中持有、最终目的用于出售"，目前的"数据许可协议""技术服务协议"能否被认定为符合"出售"的性质，可能会影响数据资源作为存货的确认。

现阶段，"数据交易合同"的法律性质认定尚缺乏理论基础，其作为无名合同可参照适用何种有名合同仍存在较大争议。对此，有学者认为，数据交易合同可以准用买卖合同、许可合同和承揽合同规则，在对数据进行"买断式"交易时，可以参照买卖合同的相关规则。[⊖]因此，未来的数据交易协议对数据交易合同中交易行为的约定提出了挑战，在合同设计时需要谨慎界定具体法律关系和相应的合同供需双方的权利义务。

⊖ 《论数据交易合同规则的适用》，刊载于《法商研究》2023 年第 4 期，作者为高郦梅。

第 6 章 | CHAPTER

数据资产入表的主要路径

虽然数据资产入表系企业自身根据企业会计准则所做的内部动作，只要企业自认即可完成，但由于数据资产具有相当的独特性，数据资产入表又系新规，因此在实践操作时并无可借鉴的案例。企业对数据资源如何入表、具体选择何种方式路径、各种路径的利弊如何、具体流程等问题没有标准答案，首先需要解决的就是入表的路径确定问题。

对此，本章将结合现有企业数据资产入表的实践情况，总结出三种现阶段常见的数据资产入表路径，即"以数据资源形式直接入表""以数据产品形式入表"与"非同一控制下企业合并产生的数据资产入表"（如图6-1所示），并分别对其具体情况与运行逻辑进行介绍。

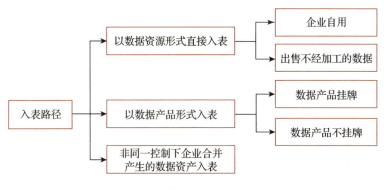

图 6-1　数据资产入表路径

6.1　以数据资源的形式

此路径下，企业将数据资源的历史成本直接确认为资产，具体有两种情形：一是企业将自用的数据资源入表；二是企业对外出售（提供）不经任何加工的数据（即原始数据），并以相关数据集/库入表。

6.1.1　企业自用数据资源入表

在此情形中，入表的数据资源均系企业自用，即企业通过直接使用或与其他资源相结合的方式支持其他生产经营或管理活动，实现降本增效的目的，并不会将相关数据资源包装成数据产品对外出售或提供服务。

例如，A 电网企业在运营当中，积累形成用户企业用电量相关数据库并研究形成用电数据分析工具，可通过对季节、时间段、地理区域等维度的用电历史分析，形成未来用电趋势预测结果。该数据库和分析工具可以用于自身经营管理，如合理设置电力设施、电力的配网调度等，有助于 A 企业提升运营效率。又如，B 电子商务企业基于充分告知并取得用户授权，汇总分析用户的 App 浏览行为和购买历史等数据，还通过外部购买一些地区消费水平、趋势等辅助数据，整合形成智能推荐算法工具，用于向 B 企业的用户推荐符合其兴趣和喜好的产品，提升了推荐的精细化、个性化水平。从会计上看，企业将此类数据资源用于内部用途，通过其自身或与其他资源结合形成的技术优势为企业带来经济利益。基于其非实物性，当此类数据资源符合无形资产的定义和确认条件时，企业应当作为无形资产予以确认。⊖

此种情形下，数据资产入表的会计操作相对简单，但可能会面临以下问题：

其一，若数据资源仅为企业自用，则相对于形成对外出售的数据产品，企业对相关数据资源投入的加工、利用费用往往较少，总成本投入不高。这在数据资产账面价值的确认适用成本法的规则下，可能会导致入表数据资产的规模较小，难以准确反映相关数据资源的真实价值。

其二，如前所述，数据资源构成资产的要素之一为"预期会给企业带来经济利益"，即有 50% 以上的可能性能够为企业带来直接或间接的经济利益流入。对于企业仅作自用的数据资源，虽然其可能对于企业经营来说具有重要意义，但在入表时，企业很可能难以定量证明相关数据资源能为企业带来预期经济利益流入，从而被审计机构等质疑。

6.1.2　企业待售数据资源入表

在此情形中，企业入表的数据资源是待售的未经加工、清洗的原始数据或经过一定加工的数据资源。受相关规定的约束，目前各方对底层数据的直接转让较为谨慎，这一业务模式的实践案例相对较少。例如，A 公司专门从事语料的收集与加工，通过公共渠道收集可用于大模型训练的语料数据，经一定程度的加工后形成数据集，并出售给相关科技企业。

与上一种情形相比，此种情形亦存在投入成本较少、拟入表数据资产规模不大的问题。此外，出于对数据安全和数据主体权益保护的考量，原始数据的出售（对外提供）可能会面临较大的合规风险。

⊖ 参见财政部会计司于 2023 年 11 月 27 日举办的《企业数据资源相关会计处理暂行规定》专题线上培训。

6.2 以数据产品的形式

此路径下,企业对持有的数据资源进行一定程度的加工,形成可对外出售或提供服务的数据产品,再以数据产品的形式入表。国内在众多数据交易所设立后,数据产品交易按照交易场所可分为场内交易和场外交易,拟入表的数据产品亦可基于此分为场内挂牌数据产品和场外不挂牌数据产品。

数据产品场外交易在目前的数据交易总量中占较大比例,企业可以将符合《暂行规定》要求的自行形成的未经挂牌的数据产品确认为数据资产,并计入资产负债表中。也有不少企业选择将拟入表数据资源以数据产品的形式在数据交易所挂牌登记,同时将数据产品确认为数据资产,进而计入企业的资产负债表中,这也即所谓的"数据资源化—资源产品化—产品资产化"。[一]

数据产品挂牌并非入表的必要条件,但在场内数据交易场所挂牌是不少企业的选择,因为场内交易多数强制要求对数据产品进行合规评估。以上海数据交易所为例,秉承着"不合规不挂牌,无场景不交易"的原则,其强制要求拟挂牌的企业在挂牌前对数据产品进行合规评估,以确保数据产品无权利瑕疵,这在一定程度上促使企业需要通过具有国家认定资质的第三方服务机构出具"合法控制数据资源"的审查和证明文件,本质上是对数据确权做了实质性的合法性审查,与数据资产入表合规的底层逻辑一致;其次,企业数据产品在上海数据交易所挂牌成功后,即可在其监督与撮合下就挂牌数据产品进行交易,证明相关数据产品能够为企业带来利益流入,符合会计准则对资产的要求;再次,对于数据需求方企业来说,相较于场外数据产品交易,在场内购入的数据产品在形成交易规模化后,交易的公允价格易被市场所接受,交易合规性在一定程度上获得数据交易所背书,更加能够避免外界的质疑。在使用成本法入表的今天,通过场内交易购入的数据资源,在成本归集上相较场外交易更加清晰、便

[一] 参见上海数据交易所发布的《数据资产入表及估值实践与操作指南》。

捷，数据产品的合规性和质量亦更有保障，因此若数据需求方亦有入表需求的话，同等条件下其通过场内交易形式外购数据资源的概率将大幅提升。

例如北京商务中心区信链科技有限公司（下称"信链公司"）数据资产入表项目即采用此种路径。信链公司作为国家第四批高新技术企业和企业风险数字化精准识别领域的先行者，依托近年来在预付费细分领域风控类数据产品的开发经验，通过文本挖掘、知识图谱、机器学习、行业大模型等技术，对不同来源的数据进行整合和处理分析，形成用于风险监测和预警分析的数据资源；按照统一数据标准，搭建统一支撑底盘，建立企业大数据的采集、处理、管理机制，实现不同渠道与企业风险相关的信息资源接入，经数据清洗、数据变换、数据规约等处理，转换为规范的结构化数据；按照统一的信息资源目录体系和框架设计，搭建业务库和高危风险库等主题数据库，进一步开发形成"企业大数据风险管理平台"的数据应用型产品，为监测预警、研判和处置提供支撑，其数据来源主要是公开数据，包括企业征信、司法、政府门户、互联网投诉、舆情五类。该数据产品在上海数据交易所的指导下，经上海市协力律师事务所进行合规性评估后，在会计师事务所等其他中介机构的协助下，成功完成数据资产核验、质量评价、挂牌交易、入表入账等环节。

6.3 以企业并购的形式

迄今为止，以《国际财务报告准则》为核心的国际通行会计体系中并未如《暂行规定》一般，专门就数据资产这一新型资产的会计处理做特别规定，但正如财政部会计司有关负责人就《暂行规定》有关问题答记者问时所表达的，《暂行规定》只是解决实务中对数据资源能否作为会计上的资产确认、作为哪类资产"入表"的疑虑，并未改变现行准则的会计确认和计量要求。因此，对于采用《国际财务报告准则》编制财务报告的企业来说，亦可采用类似《暂行规定》的做法，将符合资产确认条件的数据资产根据其持有目的、业务模式等确认为

第 6 章 数据资产入表的主要路径

无形资产或存货,这与《国际财务报告准则》的精神并不相悖。

实践中,国内外事实上已有部分企业将数据计入资产负债表的实践,但这多发生于非同一控制下企业合并的情形中,并非单独、明确地将外购或自行生产的数据资源以数据资产的形式计入资产负债表。即,某一公司出于获取大量数据的目的,收购持有数据资源的企业。当收购价款高于标的公司可辨认净资产时,二者的差额即被计入无形资产中。

在国际上,以邓白氏公司为例,其于 2020 年以 72 亿瑞典克朗的价格收购欧洲领先的数据及分析公司 Bisnode。据悉,Bisnode 有来自 550 多个数据源的超过 3300 万条商业记录,这将进一步丰富邓白氏公司的数据云,优化数据云的规模、深度与多样性,因而,邓白氏公司的收购亦可被视为一场数据领域的"谋篇布局"。在会计处理中,邓白氏公司将溢价收购所产生的无形资产分为 reacquired right、database、customer relationships、technology 四部分(如图 6-2 所示),其中"database"即数据库,由此产生了数据资产入表的现象。

dun & bradstreet

	Weighted average amortization period (years)	Initial purchase price allocation at March 31, 2021	Measurement period adjustment	Final purchase price allocation at December 31, 2021
Cash		$ 29.9	$ —	$ 29.9
Accounts receivable		61.0	—	61.0
Other current assets		13.1	—	13.1
Total current assets		104.0	—	104.0
Property, plant & equipment		3.5	—	3.5
Intangible assets:				
Reacquired right	15	271.0	(1.0)	270.0
Database	12	116.0	(5.0)	111.0
Customer relationships	10	106.0	2.0	108.0
Technology	14	65.0	(1.0)	64.0
Goodwill	Indefinite	488.4	7.0	495.4
Right of use asset		26.7	0.7	27.4
Other		5.2	(2.3)	2.9
Total assets acquired		$ 1,185.8	$ 0.4	$ 1,186.2

图 6-2 邓白氏公司财务报表

|第7章| CHAPTER

数据资产入表与公共数据

2023年12月31日,财政部印发《关于加强数据资产管理的指导意见》(以下简称《指导意见》),一石激起千层浪。虽然《指导意见》中的一些概念使用(例如"数据资产")有些模糊、与财政部会计司在之前入表文件中的提法有些不一,但是《指导意见》中的很多规定都在现有政策文件的基础上有较大突破或有非常明确的规定,具有标志性的意义。

正如财政部资产管理司有关负责人在答记者问时介绍的,《指导意见》出台的背景在于"促进数据合规高效流通使用",通过《指导意见》明确数据的资产属性,提出依法合规推动数据资产化,平等保护各类主体数据资产的合法权益。尤其是对于公共数据,《指导意见》着墨最重,明确鼓励公共服务机构在加强数据资产全流程管理、严防数据资产应用风险等前提下,将依法合规持有或控制的、具有资产属性的公共数据资源纳入资产管理范畴。对此,笔者认为,一方面,虽然在法理上对公共数据的权属及财产权益归属仍存有争议,但在控制权层面，其相对最为清晰，是现阶段最易于探索数据的新型开放利用模式；另一方面，公共数据是一座富矿，也需要社会资源和有效的机制安排来促进开发。

公共数据与企业数据资产入表的关系是什么？公共数据将以开放或授权运营的方式给到企业端。公共数据开放方式下，企业可将相关数据治理成本在符合入表条件时入表；公共数据授权运营方式下，一般是地方数据主管部门授权地方数据集团运营数据，其他企业与地方数据集团合作，通过对公共数据及企业自身数据进行深度加工，包括加工数据的标签化、数据化、语料化过程，利用人工智能的相关平台将数据形成数据产品。笔者理解，一是公共数据授权运营中的被授权企业可以将获得的数据资源对应的成本入表，这部分成本包括对公共数据进行治理加工的成本，也可能包括需要给公共数据提供方的收益[⊖]；二是公共数据授权运营中的被授权企业一般相当于一级开发商，其会与其他企业共同开发数据的具体应用场景和产品，那么这些其他企业也可以将从一级开发商处获得的数据成本在符合条件的基础上计入自己的资产负债表。鉴于公共数据的丰富性，其对下游企业的数据资产入表将产生深远影响。

7.1 公共数据流通模式

7.1.1 公共数据的三种流通模式

公共数据，一般是指本市各级行政机关以及履行公共管理和服务职能的事业单位（即公共管理和服务机构）在依法履职过程中，采集和产生的各类数据资源。《"十四五"数字经济发展规划》提出，对具有经济和社会价值、允许加工利用的政务数据和公共数据，通过数据开放、特许开发、授权应用等方式，鼓励更多社会力量进行增值开发利用。笔者认为，可以将公共数据的开发利用，即通过释放公共数据的价值实现赋能实体经济、提升治理效能的制度目标作为

⊖ 近期一直有数据财政的提法，如将符合条件的公共数据资源纳入数据资产，并通过比例分成的方式确保公共数据提供方的收益。实质上，这意味着公共数据授权运营的政府侧可以有偿授权，或许将成为数据财政的雏形。

顶层概念，而公共数据开放、公共数据授权运营与公共数据的共享均为下层概念，构成公共数据开发利用的三种流通方式。

1）公共数据的共享指公共管理及服务机构之间的内部共享，属于一种政府内部无偿的信息资源交流行为。 例如，根据《上海市数据条例》第三十八条，公共管理和服务机构之间共享公共数据，应当以共享为原则，不共享为例外，无偿共享公共数据。没有法律、法规、规章依据，公共管理和服务机构不得拒绝其他机构提出的共享要求。因此，公共数据在公共管理和服务机构之间的流通以共享为原则，一般不涉及"授权"问题。此外，2023年颁布的《上海市公共数据共享实施办法（试行）》（以下简称《办法》）亦明确，以共享为原则，不共享为例外，除法律、法规另有规定外，公共数据应当全量上链、上云，充分共享。同时，《办法》鼓励公共管理和服务机构通过公共数据共享应用，创新管理和服务方式，提升管理和服务水平。

2）公共数据授权运营是公共数据开发利用的新机制，是在既有的政府直接供给的基础上引入第三方机制，提升公共数据资源配置的有效性。 公共数据授权运营是为了解决公共数据开放安全以及数据质量不高的问题而提出的新路径，能够在更加有效确保数据安全可控的基础上对公共数据进行开发利用和价值挖掘。2021年十三届全国人大四次会议表决通过的《中华人民共和国国民经济和社会发展第十四个五年规划和2035年远景目标纲要》（以下简称"十四五"规划）提出，要"开展政府数据授权运营试点，鼓励第三方深化对公共数据的挖掘利用"。各地积极响应国家顶层设计，先后发布公共数据相关地方性法规及政策。例如，2021年，《上海市数据条例》第四十四条规定："本市建立公共数据授权运营机制，提高公共数据社会化开发利用水平。市政府办公厅应当组织制定公共数据授权运营管理办法，明确授权主体，授权条件、程序、数据范围，运营平台的服务和使用机制，运营行为规范，以及运营评价和退出情形等内容。市大数据中心应当根据公共数据授权运营管理办法对被授权运营主体实施日常监督管理。"2022年，"数据二十条"明确"推进实施公共数据确权授权机制"。2023年，国家数据局等17部门又联合印发《"数据要素×"三年行动计划（2024—2026 年）》，提出"加大公共数据资源供给，在重点领域、相关区域组织开展公共数据授权运营，探索部省协同的公共数据授权机制。"2024 年 10 月 12 日，国家数据局发布《公共数据资源授权运营实施规范（试行）》（公开征求意见稿），对公共数据授权营运的具体运行机制等进行了更详细的规定。

3）公共数据开放，是指公共管理和服务机构在公共数据范围内，面向社会提供具备原始性、可机器读取、可供社会化再利用的数据集的公共服务。由于公共数据开放是由政府直接向社会提供原始数据，面临较大的不确定性和安全风险。因此，政府在开放公共数据时往往持审慎态度，导致开放的公共数据总量偏低，尤其是高价值数据难以开放，致使公共数据的价值无法充分释放。

2024 年 10 月发布的《中共中央办公厅 国务院办公厅关于加快公共数据资源开发利用的意见》也确认了上述分类。实践中，普惠金融下的公共数据利用可以归入公共数据开放的范畴，因为金融机构一般不会为从政府部门获得的数据支付对价。目前普惠金融的公共数据供给实践中有通过公共数据授权运营平台进行的案例，但是金融机构亦未支付相关对价，这种情况实质上也还是公共数据开放性质。而从长远来看，这种普惠金融的公共数据利用模式也应该归入公共数据授权运营的范畴中，以有偿使用的方式进行。事实上，对金融机构而言，关键是能否获得真正高质量的公共数据，而非追求无偿的低质量公共数据。

7.1.2 公共数据授权运营与公共数据开放的联系

关于公共数据授权运营与公共数据开放的联系，目前亦存在多种观点。

第一种观点（包含隶属论）认为，授权运营是一种数据开放的新形式，是一种基于如何开放（how）构建的逻辑关系。而此处，基于谁去开放（who）分为直接实施和间接实施，其应被理解为，授权运营是一种数据开放的实施新形式而非开放新形式。而实施方式的分类逻辑不应等同于授权运营和数据开放构成的包含隶属关系。依据"十四五"规划，"开展政府数据授权运营试点"在第十七章"提高数字政府建设水平"第一节"加强公共数据开放共享"的框架下，因此公共数据授权运营应属于公共数据开放的方式之一。

第二种观点认为，从本质上讲公共数据授权运营和公共数据开放都属于公共服务供给机制，创设授权运营就是在既有的政府直接供给的基础上引入第三方机制，提升公共数据资源配置的有效性。从试点情况来看，政府将不宜直接开放的公共数据授权给安全可信的第三方主体运营，经第三方开发利用所产出的数据产品能够满足市场主体的需求。

第三种观点认为，公共数据开放作为一套公共数据对外流通的框架制度，可分为直接实施开放和间接实施开放两种类型，直接实施开放即通过公共部门自身开展行政化实施，间接实施开放即通过授权运营的方式开展市场化实施。而间接实施开放也是实现公共数据生产与供给分离、增强多主体参与和提升市场化配置的有效手段，其优点在于引入市场化的专业力量来做专业的事务。这种观点下，公共数据开放与公共数据授权运营属于并列概念，公共数据开放是公共管理和服务机构与数据使用主体之间的数据流通，系不涉及费用支付的"无偿"行为，而公共数据授权运营则是数据使用主体与被授权运营主体、公共管理和服务机构之间的数据流通，系"有偿"行为，两者的底层逻辑及价值导向具有差异。

笔者认为两者是在不同的维度上解决公共数据社会化利用开发的问题，公共数据授权运营与公共数据开放不宜以简单的包含隶属关系或简单的并列关系来分析，前者强调数据权利的授予，后者强调数据本身的开放。公共数据授权运营作为公共数据开发利用的新机制，不同于以往政府将数据直接提供给数据使用单位，而是由政府将公共数据授权给某个主体运营，由其以公共数据产品或服务的形式向社会提供。实践中，政府部门对公共数据的把握往往是"以不公开为基准，以公开为例外"，且公共数据一般为无偿，这造成政府部门的积极性有限，企业难以从公共数据开放路径上获得有价值的数据。对公共数据资源进行价值的深度挖掘、开发，正是公共数据授权运营的初衷。**公共数据开放解决"how"的问题，而公共数据授权运营解决"who"的问题**，即数据开放主要是为了解决如何从数据持有方提供数据至数据利用方，而公共数据授权运营则是解决谁具体去实施数据开放从而达成数据流通，二者的关系如图7-1所示。

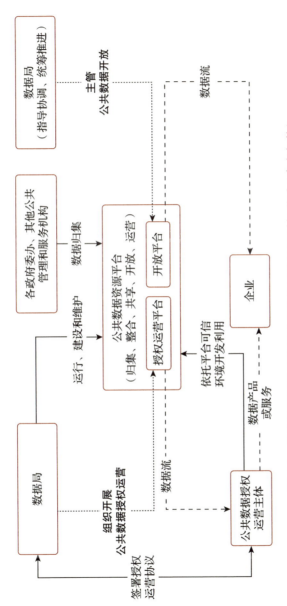

图 7-1 公共数据授权运营和公共数据开放的区别与联系（参考架构）

此外，正因为公共数据授权运营与公共数据开放的维度不同，所以二者确实存在一定程度上的交叉。例如，公共数据授权运营的数据范围主要是"有条件开放的公共数据"，《上海市数据条例》第四十一条规定："公共数据按照开放类型分为无条件开放、有条件开放和非开放三类。涉及个人隐私、个人信息、商业秘密、保密商务信息，或者法律、法规规定不得开放的，列入非开放类；对数据安全和处理能力要求较高、时效性较强或者需要持续获取的公共数据，列入有条件开放类；其他公共数据列入无条件开放类。非开放类公共数据依法进行脱密、脱敏处理，或者相关权利人同意开放的，可以列入无条件开放或者有条件开放类。对有条件开放类公共数据，自然人、法人和非法人组织可以通过市大数据资源平台提出数据开放请求，相关公共管理和服务机构应当按照规定处理。"

对于有条件对外开放的数据，最重要的就是保障这些数据被处理时的安全性，而授权运营恰恰是为了数据安全，即在授权主体监控之下开展数据开发。至于已经对外公开的数据，原则上可以不必纳入授权运营范畴，但由于数据开发涉及大量数据提取、分析、加工，在通过数据公开路径不便于进行开发时（比如开发者进行数据调取时，数据控制者为维护系统稳定对数据传输进行限制），通过授权运营主体在数据控制者本系统内进行直接开发，更有利于数据开发，因此也宜将公开数据一并提供给被授权方进行授权运营。

非开放的数据，以不能对外授权运营为原则。但是如《上海市数据条例》所规定，非开放类公共数据依法进行脱密、脱敏处理，或者相关权利人同意开放的，可以列入无条件开放或者有条件开放类。但是不难想象，对此类数据的脱敏、脱密处理，资金要求大、技术要求高，显然在公共数据开放的框架下难以实现，而在公共数据授权运营的路径下，可以通过适格的授权运营主体较好地实现，例如征信业务对敏感个人信息和企业数据的处理，征信机制下有较好的客户触达机制来确保数据处理符合《中华人民共和国个人信息保护法》等法律法规的要求。

7.1.3 公共数据授权运营与公共数据开放的差异

笔者认为，公共数据授权运营与公共数据开放虽然有着密切的联系，但也存在一定的差异，主要体现在以下几个方面。

1. 解决问题不同

公共数据授权运营与公共数据开放，本质上两者是从不同维度解决公共数据社会化利用开发的问题，解决的是两个不同类型的问题，前者解决"who"，后者解决"how"。即，公共数据授权运营是解决谁具体去实施数据开放从而达成数据流通（即公共机构自身去实施还是第三方去实施）的问题，而公共数据开放则是为了解决如何从数据拥有方提供数据至数据利用方（如是否提供原始数据，是否采用数据出域、可用不可见等技术手段，是否设立准入资格等）的问题。

同时，前者的客体是公共数据某种权利的授予，后者的客体是公共数据本身。

2. 参与主体不同

从根本上看，公共数据开放是由政府向社会上的各数据利用主体提供数据，而公共数据授权运营是由政府通过第三方向社会上的各数据利用主体提供数据。在公共数据开放的过程中，存在政府、市场主体（公共数据需求方）等参与主体（具体如图 7-2 所示）。

在公共数据授权运营的过程中，存在政府（授权方）、某一数据运营机构（被授权方）、其他市场主体（公共数据的需求方）等三类参与主体（具体如图 7-3 所示）。

3. 获取方式不同

公共数据开放是社会数据利用主体向政府部门提出申请，符合法定条件的主体均可以申请获取各行业、各领域的公共数据资源。公共数据授权运营则是由政府部门授权运营，在公共数据的供给上引入了市场机制，由专业的第三方主体负责研发数据产品和服务并投入市场流通，以满足市场主体专业化、多元化的数据需求。

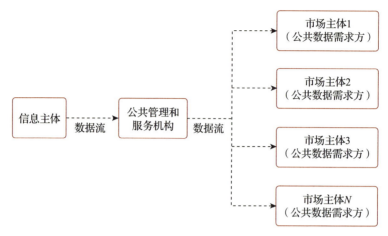

图 7-2 公共数据开放的参与主体

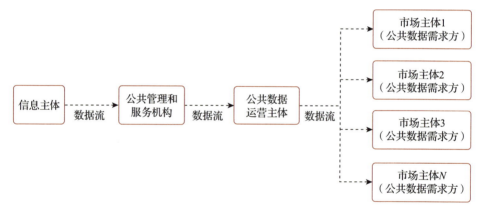

图 7-3 公共数据授权运营的参与主体

7.2 公共数据授权运营中的授权场景

数据的流通利用需要解决合规问题，合规问题的重点是权属、来源合规。国家数据局局长刘烈宏曾在介绍国家数据局重点工作时指出，要落实产权分置制度，明确公共数据授权运营的合规政策和管理要求，厘清数据供给、使用、管理的权责义务，探索公共数据产品和服务的价格形成机制，让公共数据"供得出"。

在公共数据授权运营的各种合规管理要求中,"授权"是个重要问题。在数据的流通利用中,流通利用的范围取决于法律的规定和数据主体(信息主体)的授权,法律规定不得流通的数据或者信息主体不同意或未授权的数据不应被流通,公共数据同样受到相应的约束。无论公共数据授权运营与公共数据开放的关系为何,公共数据流通中的利益主体均可能涉及信息主体、公共管理和服务机构、公共数据运营主体、公共数据使用主体,如图 7-4 所示。在四类主体之间,可能存在的"授权"问题主要涉及四个场景:第一,公共管理和服务机构对公共数据运营主体的"授权";第二,信息主体对公共管理和服务机构的"授权";第三,信息主体对公共数据运营主体的"授权";第四,信息主体对公共数据使用主体的"授权"。公共数据使用主体通过协议的方式从公共数据运营主体处取得公共数据的,不以"授权"名义进行分析。

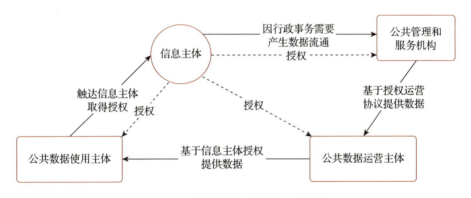

图 7-4 公共数据流通中的四类主体

7.2.1 公共管理和服务机构对于公共数据运营主体的授权

"数据二十条"第(四)条将公共数据表述为各级党政机关、企事业单位依法履职或提供公共服务过程中产生的数据。因此,公共管理和服务机构自公共数据产生伊始,就享有对数据的合法权益,相应的财产权益虽未有法律的明确规定,但也并未否定公共管理和服务机构的数据权利。其中,对于涉及个人信息和商业秘密的公共数据,需满足《中华人民共和国个人信息保护法》《中华人民共和国民法典》等相应法律的保护要求，而对于不关涉个人信息、商业秘密的公共数据，笔者认为法律并未对公共管理和服务机构加工使用该类数据做出限制性规定。而从促进数据流通利用、发挥数据价值的角度，公共管理和服务机构有义务促进公共数据的社会化开发与利用。

《浙江省公共数据条例》第三十五条规定："县级以上人民政府可以授权符合规定安全条件的法人或者非法人组织运营公共数据，并与授权运营单位签订授权运营协议。禁止开放的公共数据不得授权运营。授权运营单位应当依托公共数据平台对授权运营的公共数据进行加工；对加工形成的数据产品和服务，可以向用户提供并获取合理收益。授权运营单位不得向第三方提供授权运营的原始公共数据。"在《浙江省公共数据条例》背景下，浙江省有权政府部门可以授权符合安全条件的社会主体组织运营公共数据，加工、形成数据产品和服务，并可获取合理收益。

《上海市数据条例》第四十四条规定："本市建立公共数据授权运营机制，提高公共数据社会化开发利用水平。"第四十五条规定："被授权运营主体应当在授权范围内，依托统一规划的公共数据运营平台提供的安全可信环境，实施数据开发利用，并提供数据产品和服务。"实践中，被授权运营主体（例如上海数据集团）经上海市政府授权负责上海市公共数据的运营，上海数据集团再与第三方公共数据使用主体签署公共数据的开发利用协议，第三方公共数据使用主体根据协议授权，对根据协议获得的公共数据以及自身通过合法方式采集的其他数据进行加工处理，开发形成数据产品并向社会提供有偿数据服务。公共管理和服务机构对公共数据授权运营的授权，包括公共数据授权运营范围的授权、授权运营主体的授权、公共数据加工处理行为的授权及对外提供产品和服务的授权。如《上海市数据条例》第四十四条规定："市政府办公厅应当组织制定公共数据授权运营管理办法，明确授权主体，授权条件、程序、数据范围，运营平台的服务和使用机制，运营行为规范，以及运营评价和退出情形等内容。"《浙江省公共数据条例》第三十五条规定："授权运营协议应当明确授权运营范围、运营期限、合理收益的测算方法、数据安全要求、期限届满后资产处置等内容。"

7.2.2 信息主体对于公共管理和服务机构的授权

对于关涉个人、企事业单位等信息主体的数据，信息主体在出于法律法规或行政事项要求，向公共管理和服务机构提供自身信息时，系基于相关事项办理或法律要求的目的，并未持有公共管理和服务机构对包含其个人信息或商业秘密的数据进行后续流通利用的期待。公共管理和服务机构作为行政机关对公共数据的处理应当依法受行政原则的约束：一方面，公共管理和服务机构对公共数据的处理行为应符合法律的要求；另一方面，公共管理和服务机构在处理关涉个人、企事业单位利益的公共数据时，应当避免损害信息主体的合法利益。

如税务部门基于履行法定职责或法定义务，必须持有个人信息主体的税务数据，具备《中华人民共和国个人信息保护法》第十三条的合法性基础，无须取得个人的授权同意，但如当个人向银行申请贷款时，税务部门向银行提供其税务数据以作为贷款审核评价指标的行为，实际变更了税务部门处理个人信息主体相关信息的原先处理目的及处理方式，应当取得个人的单独授权同意。

以上海市为例，《上海市公共数据开放暂行办法》第十一条规定："对涉及商业秘密、个人隐私，或者法律法规规定不得开放的公共数据，列入非开放类；对数据安全和处理能力要求较高、时效性较强或者需要持续获取的公共数据，列入有条件开放类；其他公共数据列入无条件开放类。非开放类公共数据依法进行脱密、脱敏处理，或者相关权利人同意开放的，可以列入无条件开放类或者有条件开放类。"对涉及商业秘密、个人信息的非开放公共数据，经授权同意后，可以进行流通。但实践中，政府部门在公共数据流通中追溯信息主体，并取得信息主体的单独同意存在操作困难，即难以触达信息主体或者触达成本较高。

7.2.3 信息主体对于公共数据运营主体、使用主体的授权

对于涉及商业秘密、个人信息的非开放公共数据，尽管经授权同意后可以进行流通，但同时需考量流通范围、流通中的数据接收方是否超出信息主体原先的授权同意范围，是否可能侵犯信息主体的合法权益。以监管更为严格的个人信息为例，《中华人民共和国个人信息保护法》第二十三条规定："个人信息处理者向其他个人信息处理者提供其处理的个人信息的，应当向个人告知接收方的名称或者姓名、联系方式、处理目的、处理方式和个人信息的种类，并取得个人的单独同意。接收方应当在上述处理目的、处理方式和个人信息的种类等范围内处理个人信息。接收方变更原先的处理目的、处理方式的，应当依照本法规定重新取得个人同意。"因此，取得个人信息主体知情同意下的授权是涉及个人信息的公共数据合法合规授权运营的法律要求之一。从法律角度而言，公共管理和服务机构向授权运营主体提供个人信息主体的个人信息、公共数据授权运营主体向使用主体提供个人信息主体的个人信息，均实际改变了个人信息原先的处理目的、变更了实际接收方，需取得个人信息主体的单独同意。

但如上所述，公共管理和服务机构在公共数据流通中，追溯个人信息主体并取得授权同意存在困难，且授权同意成本过高，可能给政府带来额外的财政负担。同时，公共数据授权运营主体在实际业务场景中亦不直接接触信息主体，难以取得个人同意。公共数据使用主体作为直接接触信息主体的业务方，个人信息主体一般具有向其提供自身个人信息以办理相关业务或达成合作的意愿，取得信息主体授权同意的成本相对较低，效率相对较高。

因此，公共管理和服务机构、公共数据授权运营主体在实践中一般均通过最终触达信息主体的公共数据使用主体取得相关授权同意。例如在征信场景下，征信机构采集、加工信息主体的信息形成的信用报告，由于可能涉及信息主体的非公开信息，需按照法律法规的要求，取得信息主体的同意。而征信机构由

于不直接面对客户，往往难以取得客户单独的授权同意或者为了取得信息主体的授权同意会产生大量的成本，造成人力、物力、时间成本的增加，因此只能通过金融机构间接获取信息主体的授权，具体模式如图 7-5 所示。

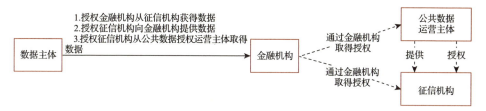

图 7-5 公共数据征信场景下的授权情况

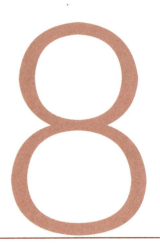

第 8 章 CHAPTER

数据资产入表与个人数据

个人数据具有较高的价值,而且数据承载着信息,因此在对个人数据进行利用时需要考虑到其上负载的个人信息。场外的个人数据流通一直存在,但是在合法合规性上存在很多的灰色问题,在《中华人民共和国个人信息保护法》生效后,不合规的个人数据交易将面临法律的严厉处罚。因此,在数字经济不断发展的大趋势下,如何通过合法合规的方式利用个人数据,充分发挥个人数据的利用价值,将是未来一个重要的探索方向。

而从数据资产入表的角度来看,个人数据与公共数据、企业数据并不存在本质区别。个人数据入表的关键,亦为企业如何在确保合法合规的情况下利用个人数据创造经济利益。对此,本章将总结现阶段个人数据流通利用的痛点与难点,分析个人数据流通利用的合规基础,并介绍目前实践中对个人数据流通利用路径的探索情况。

8.1　个人数据合规流通利用的痛点

在实践中，个人消费者和平台企业之间存在二元对立矛盾。基于个人数据利用不足的视角，平台企业对个人数据的垄断及滥用，造成了消费者权益的损失。个人用户作为数据生产者在经济活动中处于绝对弱势的地位，这种弱势地位体现在三个层面：

从基础层面看，个人用户的隐私权没有得到充分保障，数据盗用、隐私泄露问题频发。

从中级层面看，个人用户作为价值创造的源头却无法参与数据红利的分享，反而遭受各类权益侵害，例如，平台企业基于垄断的海量个人数据，对消费者的生活轨迹、消费偏好进行精准画像，从而进行定向广告推送、"千人千价"的差别性定价。

从高级层面看，个人用户的人格权没有被充分考虑，个人数据天生具有人格权，表面上各类平台在收集、利用用户的个人数据时必须获得个人授权，但大部分授权协议根本没有体现人格尊重的内涵，个人授权结果通常与产品或服务的使用相捆绑，个人用户只能被动贡献数据。从 2021 年开始，以个人数据为主的大型互联网数据垄断被国家立法和监管部门作为规制重点。2023 年，针对大型互联网平台的监管已经恢复常态化。

个人数据的利用主要体现在几个领域，一是自动化决策，指通过计算机程序自动分析、评估个人的行为习惯、兴趣爱好或者经济、健康、信用状况等，并进行决策的活动。自动化决策还可进一步分解为特征生成和决策两个环节，其中，个性化推荐为现阶段自动化决策的重要应用场景，例如金融机构对客户的金融产品和服务的精准营销，短视频行业的内容推送、广告发布，电商行业的精准营销、广告发布，OTA 行业的个性化推荐等。二是风险控制，例如金融领域内的行业数据安全风险情报共享与业务黑名单共享，金融机构在信息技术安全和数据安全等领域基于风险控制目的，将可能的风险信息与同一行业中的其他机构共享；银行等金融机构基于客户诚信情况、相关负面舆情信息，结合基本数据、整体市场情绪指标等，定期生成高风险负面主体、个券清单，建立共享黑名单。此外，如自然人客户在与某银行或其关联方的业务中出现违约违规行为，鉴于该客户亦可与该银行的关联方等发生业务，该客户的风险信息对于银行及其关联方来说具备提前预警、重点关注、交易风险程度预估的作用。电商领域也普遍利用用户画像与风险控制，通过设置一定的风控规则，电商经营者可以结合用户画像规避交易风险，及时识别用户的恶意购买、销售行为。例如买家为获取不正当利益，频繁退货、拒收货物、骗取赔付等；卖家为提高销量或利润，刷销量、刷差评、不履行售后责任等；为骗取平台补贴，买卖双方恶意串通，虚假交易、恶意退货等。

在《中华人民共和国个人信息保护法》实施后，制约个人数据流通利用的痛点主要有以下几点，具体如图 8-1 所示：

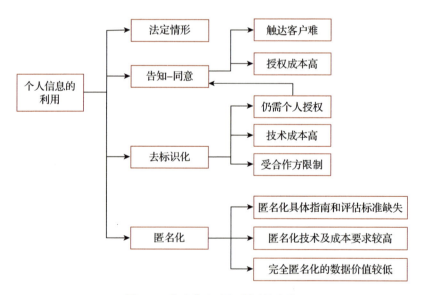

图 8-1　个人信息合规利用的痛点

第一，企业对外提供个人数据是否取决于个人的授权。如果认为是，则强调个人对个人数据处理的决定权，该决定权不仅包含个人基于个人数据享有的人格权益的处分权，还包括对个人数据享有的财产权益的处分权，但是如果包括财产权益，可能会给企业间的个人数据产品交易带来困境。

第二，根据现有法律，企业在对外提供个人数据前应遵循信息主体知情同意的原则。但由于个人数据的交易链条可以无限拉长，在企业将通过间接收集方式获取的个人数据再行对外提供的情形下，往往缺乏与信息主体的直接触达场景，在实务中如何有效和高效实现个人信息主体对企业的明确授权成为一个难题。

第三，匿名化问题难以在技术上实现，而法律层面的规定非常刚性。根据《中华人民共和国个人信息保护法》，去标识化的个人信息并不能在法律意义上视为匿名化信息，此时如不经信息主体知情同意而向外提供将会产生法律合规风险。在目前实践中，个别行业例如广告行业已经开始探索通过技术上的要求和合规上的标准以及与合同的约定相结合等方式实现去标识化的个人信息交易。

8.2 个人数据流通利用的合规基础

个人信息数据流通利用的合规框架需严格遵守《中华人民共和国个人信息保护法》第十三条，以取得个人信息主体同意为原则，以不需要取得个人信息主体同意为例外，具体见表 8-1。

表 8-1 《中华人民共和国个人信息保护法》下处理个人信息的合规基础

《中华人民共和国个人信息保护法》第十三条	
（一）取得个人的同意	需取得个人同意
（二）为订立、履行个人作为一方当事人的合同所必需，或者按照依法制定的劳动规章制度和依法签订的集体合同实施人力资源管理所必需	无须取得个人同意
（三）为履行法定职责或者法定义务所必需	
（四）为应对突发公共卫生事件，或者紧急情况下为保护自然人的生命健康和财产安全所必需	

(续)

《中华人民共和国个人信息保护法》第十三条	
（五）为公共利益实施新闻报道、舆论监督等行为，在合理的范围内处理个人信息	无须取得个人同意
（六）依照本法规定在合理的范围内处理个人自行公开或者其他已经合法公开的个人信息	
（七）法律、行政法规规定的其他情形	

8.2.1 个人授权

"数据二十条"第（六）条规定："建立健全个人信息数据确权授权机制。对承载个人信息的数据，推动数据处理者按照个人授权范围依法依规采集、持有、托管和使用数据，规范对个人信息的处理活动，不得采取'一揽子授权'、强制同意等方式过度收集个人信息，促进个人信息合理利用。笔者认为，数据持有人享有使用数据的权利，在不损及信息来源主体的法定在先权益的前提下，可以根据自身需要在各个生产经营环节自主使用数据，包括对数据进行开发利用。在个人信息利用领域亦是如此。

无论是原始采集数据还是经继受取得数据的处理者，有权依照法律规定或合同约定的方式自主管控所取得的数据资源。如不存在法定正当事由，且未经持有人同意，他人不得侵扰权利人对数据的稳定持有状态和秩序。

依据高富平教授的观点，《中华人民共和国民法典》第一千零三十五条"个人信息处理的原则和条件"将"同意"视为个人信息处理的条件之一，但并不是非经同意不得使用的权利规范模式。第一千零三十六条第一项将"同意"视为个人信息处理合法性的必要但不充分条件，"同意"只是合法处理的前提，还必须在"同意"的范围内"合理实施"处理行为。依据第一千零三十六条第一项，仅有个人同意的处理行为不合理，仍然需要承担法律责任；同样，尽管有法律规定的其他依据（例外规定），但如处理行为存在超范围等不合法、不合理等行为，仍然可以认定为处理行为不合规。根据《中华人民共和国民法典》，我们可以得出这样的结论：未经信息主体同意并不一定侵权，而获得了信息主体同意也并不一定不侵权。"同意"并没有为数据处理者创设自由，也没有为信息主体与数据处理者之间界分出自由和非自由边界。因此，虽有同意行为，但"同意"只是行为合法性的判断因素之一，而不产生"授权"的法律效果。⊖因此，我们理解个人数据的合规使用应当既包括个人的授权同意，又包括尊重个人隐私保护的合规使用。

8.2.2 三重授权

"数据二十条"确定各类市场主体在生产经营活动中采集加工的不涉及个人信息和公共利益的各类数据，由市场主体享有对数据资产依法持有、使用和获取收益的权利，保障其投入的劳动和其他要素贡献获得合理回报。但上述数据将涉及个人信息和公共利益的企业数据排除在范围之外，也即实践中存在的大量混合数据，企业只能在剥离涉及个人信息和公共利益的数据之后，才能独立地享有数据权利，否则需要受到相应规则的约束，但这往往会造成大量的人力、物力成本的投入。若不剥离所涉及的个人信息，依据《中华人民共和国个人信息保护法》的相关规定，若不存在法定免责条件，则应当取得个人信息主体的单独同意。

《中华人民共和国个人信息保护法》第二十三条规定："个人信息处理者向其他个人信息处理者提供其处理的个人信息的，应当向个人告知接收方的名称或者姓名、联系方式、处理目的、处理方式和个人信息的种类，并取得个人的单独同意。接收方应当在上述处理目的、处理方式和个人信息的种类等范围内处理个人信息。接收方变更原先的处理目的、处理方式的，应当依照本法规定重新取得个人同意。"三重授权与该条的内涵一致，均以平台取得信息主体的授

⊖ 参见《同意≠授权——个人信息处理的核心问题辨析》，刊载于《探索与争鸣》2021年第4期，作者为高富平。

权为重要环节，即"用户同意＋平台授权＋用户同意"（如图8-2所示）。

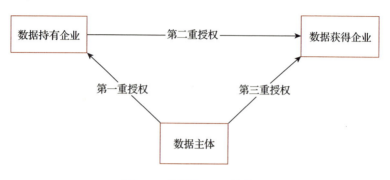

图 8-2　数据的"三重授权"

依据法律法规的严格要求，数据需求者作为数据接收方（数据获得企业）获得数据，可能存在"三重授权"的要求：第一重授权是数据主体对数据持有者的授权，即数据主体允许数据持有者向数据获取者共享数据；第二重授权是数据获取者依据与数据持有者之间的协议安排获得数据持有者的授权；第三重授权是数据主体对数据获取者的授权，即数据主体允许数据获取者持有、处理其获取的数据主体的数据。

但实践中，作为数据获得者的企业有时无法直接触达用户，而是通过向第三方采购的方式间接获取个人信息，难以单独取得用户的授权同意。依据《中华人民共和国个人信息保护法》第二十三条的规定，数据获得者处理数据应当取得个人信息主体的单独同意，而非概括同意。如征信机构采集、加工信息主体信息形成的信用报告，由于可能涉及信息主体的非公开信息，征信机构无法将其作为企业自身数据从而享有完整的数据权利，仍然需要遵循法律法规的约束，取得信息主体的同意。而征信机构由于不直接面对用户，往往较难取得用户单独的授权同意或者为了取得信息主体的授权同意会产生大量的成本，造成人力、物力、时间成本的增加，因此只能通过金融机构间接获取信息主体的授权（如图8-3所示）。

图 8-3 征信机构难以获得用户单独授权

因此,三重授权在实践中被简化为"用户同意+平台授权"的双重授权,以数据持有企业的授权替代数据主体对数据获得企业的授权(如图 8-4 所示)。

图 8-4 数据的"双重授权"模式

此外,如数据获得企业需要再次向下游数据接收方提供数据,即变更了上游数据持有企业取得个人信息主体同意的处理目的、处理方式,依据《中华人民共和国个人信息保护法》第二十三条的规定,也应当取得个人信息主体的单独同意。依据笔者所在律师事务所律师的行业经验,实践中有多方机构间的数据合作,通常采取在一方机构取得个人信息主体对不同机构单独同意的操作模式。在该模式下,多方主体共同向个人信息主体出具一份"个人信息处理告知同意文件",参与机构均在文件末签章,个人信息主体需通过多次签名,分别就多方主体处理其个人信息的行为做出签字同意动作。该"个人信息处理告知同意文件"由触达客户的一方机构向个人信息主体提供,在签名授权完成后,再将授权文件交由各机构作为授权同意的备份。因此,企业可以在无法触达个人信息主体直接取得授权同意时,通过上游直接触达客户的数据持有企业取得个人信息主体关于"同意'数据持有企业'将个人信息向'数据获得企业'提供"和"同意'数据获得企业'将其个人信息向'下游数据接收方'提供"的授权同意。

数据作为一项新型生产要素,只有在合理流动中才能发挥最大价值。受具体市场环境及个人成本收益衡量的影响，信息主体缺少足够的行权动机，难以在多个处理者之间重新分配数据价值，取得数量庞大的单个客户同意的成本也极高。由于数据主体的权益在双重授权模式中极易被忽视，数据持有企业应当负有更加严格的安全保障义务，并承担相应的风险责任。在目前的操作中，由于征信机构实质上难以取得客户直接的授权同意，采取由金融机构间接授权的方式具备一定的合理性，但同时在金融机构向信息主体出具的授权书中，应当明确征信机构的名称、数据采集的方式、对外提供的数据种类，以及数据处理方式、信息主体申诉途径等。

8.2.3 匿名化与去标识化

基于目前个人数据交易现状，在场外交易方面，各种方式的个人数据交易是存在的，合规的方式就是要取得个人信息主体的同意，主要是以 API 的方式在触达方取得个人信息主体授权后向第三方提供，这在征信领域较为常见。场内交易方面，例如上海数据交易所在可交易的数据产品范围内对个人数据的交易做出严格限制，不包含未经权利人同意的个人数据产品。

2023 年 4 月底，全国首笔场内个人数据合规流转交易项目在贵阳大数据交易所完成。本次交易由贵阳大数据交易所联合好活（贵州）网络科技有限公司（以下简称"好活科技"），利用数字化、隐私计算等技术采集求职者的个人简历数据，在确保用户数据可用不可见的前提下，通过贵阳大数据交易所"数据产品交易价格计算器"，并结合好活科技的简历价格计算模型和应用场景，针对灵活用工就业服务场景，为个人简历数据提供交易估价参考，在个人数据授权、采集加工、安全合规、场景应用、收益分配等方面完成交易闭环。值得注意的是，此次交易是在个人用户全程知情且明确授权的情况下完成的，而在一般的交易实践中，获得全部个人信息主体的授权同意成本极大，不具有可操作性，因此该笔交易更加侧重于尝试，本身所具有的实际意义有待商榷，不能简单地理解为具备个人数据产品场内交易的代表性。

因为匿名化处理后的个人信息不再属于《中华人民共和国个人信息保护法》的规制范围⊖，若对外提供匿名化后的个人信息，无须取得个人同意，这大大降低了相关数据交易的成本。"数据二十条"针对个人信息提出"创新技术手段，推动个人信息匿名化处理，保障使用个人信息数据时的信息安全和个人隐私"，立足于通过技术手段推动解决"匿名化"处理难的问题。但同时应当认识到，匿名化后的个人信息也无可避免地会出现颗粒度粗糙、价值减损、适用场景受限等问题。

在综合评价匿名化与个人同意两种路径后，颗粒度与合规成本介于二者之间的去标识化似乎是实现个人信息交易的可行路径。对此，有学者认为，《中华人民共和国个人信息保护法》没有为个人信息流通利用提供法律依据，然而数据要素市场建设要求探寻个人信息社会化、市场化利用的可行制度方案。在这方面，去标识化信息成为平衡个人信息利用与信息主体权益侵害风险、实现对外提供合法化的唯一突破口。基于此，受控去标识制度呼之欲出。⊜

根据《中华人民共和国个人信息保护法》，去标识化是指个人信息经过处理，使其在不借助额外信息的情况下无法识别出特定自然人的过程。和匿名化不同，去标识化后的数据仍然具有重标识的可能性。因此，如果从严按照《中华人民共和国个人信息保护法》的界定，去标识化的数据在实质上仍然属于个人信息范畴，需要参照《中华人民共和国个人信息保护法》关于个人信息处理者向对方提供其处理的个人信息的要求来处理。实践中，目前已有通过隐私计算对数据匿名化处理后进行数据交互的案例（将在后文中介绍），即在获得具体用户的同意后，获取并使用经隐私计算处理后的其他公司收集的用户个人信息。

⊖ 参见《中华人民共和国个人信息保护法》第四条。
⊜ 参见《个人信息流通利用的制度基础——以信息识别性为视角》，刊载于《环球法律评论》2022年第1期，作者为高富平。

而在受控去标识的情况下，去标识化数据的重标识可能性被数据提供方牢牢控制，数据接收方未经授权无法实现对相关数据的重标识。此时可以认为，该去标识化的数据在实质上已经达到了匿名化的程度，进而可以不再受到《中华人民共和国个人信息保护法》的规制，实现个人信息的高效有序流通。数据接收方在对去标识后的个人信息进行利用时，亦可通过取得个人同意的方式，获得重标识的权利。而对于整个个人信息的交易链条来说，只要实现去标识的可控与重标识的合规，就能保证个人信息在全链条中每一个主体间的流通均"畅通无阻"，这样既可以大大降低个人信息流通的成本，又能够保证个人信息利用的合规。

8.3　个人数据流通利用的路径探索——隐私计算等

隐私计算是指在保证数据提供方不泄露原始数据的前提下，对数据进行分析计算的一系列信息技术，能够实现数据在流通与融合过程中的"可用不可见"。从实现目标来看，能在实现隐私保护的同时支持数据价值分析的技术方案都可被列入隐私计算的范畴。中国互联网金融协会发布的《金融业数据要素融合应用研究》也强调："运用多方计算（业界亦称多方安全计算或安全多方计算）、联邦学习等技术，推动金融业数据要素在确保安全合规前提下实现融合应用创新，在促进金融业数字化转型、提升数字普惠金融水平、落实金融消费者保护要求、提高金融穿透式监管效能等方面具有重要意义。"[⊖]

隐私计算中典型的技术路线包括：

- 多方安全计算（secure multi-party computation）是多个参与方基于密码学技术共同计算一个目标函数，保证每一方仅获取自己的计算结果，而无法通过计算过程中的交互数据推测出其他任意一方的输入和输出数据

⊖ 参见《数据治理》，由中共中央党校出版社于2020年8月出版，作者为李振华、王同益等人。

的技术。

- 联邦学习（federated learning）作为分布式的机器学习范式，可以有效解决数据孤岛问题，让参与方在不共享数据的基础上联合建模，实现 AI 协作，各参与者的身份和地位相同，可建立共享数据策略。由于数据不发生转移，因此联邦学习不会泄露用户隐私或影响数据规范，满足合法合规的要求。
- 可信执行环境（trusted execution environment）是将以软硬件方法构建的安全区域与其他应用和操作系统隔离开，使得操作系统和其他应用无法访问或更改该安全区域中的代码和数据，从而保护敏感数据和代码效果的技术。
- 同态加密（homomorphic encryption）是基于数学难题的计算复杂性理论的密码学技术，能确保在密文上直接进行计算后对输出进行解密，得到的结果和明文计算的结果一致，实现"先计算后解密"等价于传统的"先解密后计算"。
- 零知识证明（zero knowledge proof）基于密码学技术，证明者能在不向验证者提供任何有用信息的情况下，使验证者相信某个论断是正确的。
- 差分隐私（differential privacy）是一种严格的、可量化的隐私定义和技术，属于密码学中的一种手段，通过对数据集添加噪声，避免相邻两个数据集在发布聚合计算结果时出现单条数据记录的泄露。⊖

按照在隐私计算过程中承担的职能，参与方可分为数据提供方、技术提供方和结果使用方三类，此外，为了对数据的使用进行监管或评估，参与方也可能会考虑引入独立的第三方机构。其中，数据提供方是负责提供模型训练数据或隐私计算实际运算数据的主体；技术提供方是负责提供隐私计算所使用的平台设施、技术方案、管理方案的主体，可根据参与方所承担的具体职能被分为

⊖ 参见隐私计算联盟和中国信息通信研究院云计算与大数据研究所共同发布的《隐私计算法律与合规研究白皮书（2021 年）》。

计算方、调度方、算法提供方和平台提供方等类型；结果使用方是接收隐私计算模型产出成果的主体，在实践中通常需要依照参与方对结果使用目的、范围和权限等方面的约定对结果进行使用；第三方机构通常包括认证机构、评估机构等主体，本身不直接使用数据也不直接提供与数据处理相关的服务，其职能包括参与方资质认证与准入审核、数据质量评估、算法安全性评估、存证信息审计等。在实际应用中，数据提供方、技术提供方和结果使用方三者可能因参与方承担多重角色而存在重合。[一]

实践中，目前已有通过隐私计算将数据加密处理后进行数据交互的案例（如图8-5所示），该案例系笔者参与法律认证，因为系金融领域，金融监管严格，合规要求很高。甲、乙公司分别系金融机构，基于各自合法收集的内部原始数据进行建模并形成客户名单，并将客户名单形成不可逆的密文数据。在获得客户的明确同意后，甲公司将其客户名单形成的密文数据通过隐私计算技术与乙公司的密文数据进行安全交集运算，识别共有交集客户群体。乙公司将交集结果反馈给数据应用方甲公司，自身不留存相关数据，同时其基础数据及建模过程也在公司内部，无须对甲公司提供。双方交互的个人信息系经过隐私计算处理的不可推导为原始信息的密文信息，除了利用隐私求交技术获得双方的交集客群外，不涉及其他数据交互。双方还通过协议明确合作方在算法出现风险后不得进行数据破解或者逆向工程，约定了项目暂定、项目终止、项目退出等应急预案保障措施。笔者认为这种模式能够保障使用个人信息数据时的信息安全和个人隐私，可以作为个人信息交互的方式之一。

除满足《中华人民共和国个人信息保护法》第十三条的免责条件之外，个人信息的合法利用方式主要为取得个人信息主体的同意或对个人信息进行匿名化处理。需要注意的是，在上述实际操作案例中，双方未能完全确保数据不能

[一] 参见隐私计算联盟和中国信息通信研究院云计算与大数据研究所共同发布的《隐私计算法律与合规研究白皮书（2021年）》。

被逆向破解，不完全符合匿名化标准，因此数据处理方仍然需要在《中华人民共和国个人信息保护法》的框架下获得个人信息主体的同意，并通过协议的形式对数据处理双方的数据安全处理能力、数据存储期限、数据破解或逆向工程限制等做出明确约定。

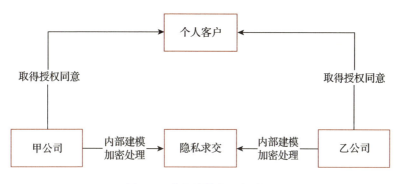

图 8-5　隐私计算的运行路径

根据《信息安全技术 个人信息去标识化指南》（GB/T 37964—2019），隐私计算概念下的很多底层技术属于保密级别较高的去标识化技术，有助于解决很多金融场景下的保密、加密问题，但是去标识化并不等同于匿名化，匿名化的信息不属于个人信息范畴，但达到一定标准的去标识化信息是否可以不用遵循个保法要求，即在利用和对外提供时无须取得个人的同意，目前尚无法律依据，有待立法与实践的进一步探索。在实践中，一些行业已经将受控去标识化技术应用于个人数据的流通，例如广告行业。

金融行业监管机构对于个人数据流通持谨慎态度。2019 年 12 月，中国人民银行启动金融科技创新监管试点工作，支持在北京市率先开展金融科技创新监管试点，探索构建符合我国国情、与国际接轨的金融科技创新监管工具。2021 年 3 月，中国证券监督管理委员会在北京地区率先启动资本市场金融科技创新试点工作。目前，监管机构以"监管沙盒"的形式允许试点企业在一定范围内、在受控环境中进行数据的交互，而无须严格遵守所有适用的法规。2022

年以来,很多证券公司在监管沙盒框架下探索通过隐私计算等方式合规利用个人数据,但是总体上,银行与证券金融监管部门的监管要求在个人信息保护法匿名化相关条款的约束下仍然较为严格,有待未来在立法、监管和司法解释层面真正破局。

第9章 | CHAPTER

数据资产入表与生成式人工智能

现阶段生成式人工智能的主要技术表现形式为大模型,其本身是大量参数的集合,逻辑上亦可作为数据资产计入资产负债表。大模型开发的成本主要有三部分,即算力资源消耗成本、训练数据(即语料)获取成本以及相应的人工、管理、运营成本。实践中,有部分企业出于经营需要的考量,对自行开发的大模型进行软件著作权登记,并参考软件著作权的会计处理方式对大模型进行会计计量。但应注意,通过持续投入新的语料,大模型可以不断地迭代升级,且基于一个通用大模型,可通过投入不同领域的语料对其训练进而得到不同的垂直领域大模型。传统软件开发的主要成本为人工成本,套用软件著作权的会计计量方式难以体现训练数据对大模型开发的重要作用,亦难充分反映大模型的真实价值。

人工智能作为企业发展及转型的核心技术驱动力,除了其作为工具的有效性、效率性以及成本性之外,更重要的是实现企业核心竞争力的差异性。因此语料具有非常高的重要性，其作为人工智能的核心数据，能够影响企业的核心解决方案。企业专属的、稀缺的专业语料，就是企业数据资产的核心价值所在。

因此，在对大模型开发进行会计计量时，或可采用数据资产入表的形式，将投入的训练数据作为拟入表数据资源，将算力成本、人工成本乃至大模型作为无形资产的折旧成本等计入训练数据的清洗、加工成本，一并作为拟入表数据资源账面价值的核算依据。如此，不仅能充分反映数据对大模型开发的重要性和真实价值，亦为训练数据的后续再利用等提供了便利。

如要实现大模型开发过程中涉及的训练数据入表，就需要确保全流程的合规性。对此，本章将首先对生成式人工智能技术进行界定，明确其与大模型技术、深度合成技术之间的区别与联系；而后，本章将基于合规视角，对生成式人工智能开发与利用过程中需关注的合规要点进行介绍，尤其是大模型开发相关训练数据利用的合规性审查；最后，本章将介绍关于生成式人工智能所涉及的相关知识产权问题，试分析问题逻辑，并给出解决方案。

9.1 生成式人工智能的界定

9.1.1 人工智能的分类

人工智能（Artificial Intelligence, AI）按发展程度可分为狭义人工智能（Artificial Narrow Intelligence，ANI）、通用人工智能（Artificial General Intelligence，AGI）和超级人工智能（Artificial Super Intelligence，ASI）。其中，ANI 被称为弱人工智能，指机器在某一领域表现出智能，如下棋、翻译、发展预测等；AGI 则被称为强人工智能，指机器达到人的智能水平，能够解决跨领域的复杂问题；ASI 则是指机器能够完成人的一切工作，且运行速率远超人脑。换言之，一般认为，目前人类技术尚处于狭义人工智能阶段，但以 GPT-4 为代表的通用大模型已经接近所谓的通用人工智能。[1]

狭义人工智能的主要技术方向可以分为决策式/分析式 AI（Discriminant/Analytical AI）和生成式 AI（Generative AI）两类。决策式/分析式 AI 指通过学习数据中的条件概率分布，根据已有数据进行分析、判断、预测；而生成式 AI 是一类机器学习算法，并非只分析已有数据，而是学习数据中的联合概率分布，在归纳已有数据后进行自主创造、演绎创新，一般对外输出文本、图像、语音、视频、代码等内容。

目前，决策式/分析式 AI 在推荐系统、图像识别、内容审核、自动驾驶领域已经商用，尤其是在图像识别领域中的人脸识别领域已经完全融入实体经济，在无人驾驶领域已经达到半成熟阶段；生成式 AI 属于 Web 3.0 的生产工具，在游戏开发、文学创作、音乐创作、药品发明、新材料合成等创新领域中已经有所应用。[2]

9.1.2　生成式人工智能与深度合成技术

深度合成技术最早起源于"深度伪造"（deepfake），根据《互联网信息服务深度合成管理规定》，深度合成技术，是指利用深度学习、虚拟现实等生成合成类算法制作文本、图像、音频、视频、虚拟场景等网络信息的技术。

《生成式人工智能服务管理办法（征求意见稿）》（以下简称"征求意见稿"）将生成式人工智能技术界定为"是指基于算法、模型、规则生成文本、图片、声音、视频、代码等内容的技术"。而《生成式人工智能服务管理暂行办法》（以下简称《暂行办法》）规定，生成式人工智能技术，是指具有文本、图片、音

---

[1] 参见《人工智能通用大模型教育应用影响探析》，刊载于《开放教育研究》2023 年第 2 期，作者为吴砥、李环、陈旭。
[2] 参见"谈咨通询"微信公众号文章《＜数智瞭望＞第 3 期：从决策式 AI 到生成式 AI，人工智能发展的技术路线是什么？》，作者为唐怀坤，访问链接为 https://mp.weixin.qq.com/s/IDANbafgKuizNI7ihapBBQ。

频、视频等内容生成能力的模型及相关技术。相较于征求意见稿，《暂行办法》更加强调模型而非算法和规则，这说明监管部门对于法规规制对象的底层技术确实有所区分。

从深度合成技术和生成式人工智能技术二者的法律界定上看，深度合成技术是基于算法的技术，而生成式人工智能技术则更加强调模型。算法是指针对特定问题的一种方法，通常由程序代码实现，例如手写识别算法、排序算法等；模型则是多个算法根据一定架构组成的集合，是指数据通过算法进行训练后得到的一个可以解决特定问题的模块，如手写识别模型，当输入一张手写图片后，模型就可以输出图片中的文字。每个模型中都包含算法，算法是设计出来的，自由度低，可解释性强；模型更加复杂，是训练出来的结果。所谓大模型，是指具有大量参数和复杂结构的机器学习模型，可以用于处理大规模的数据和复杂的问题。

上述规定对相关技术的界定较为模糊，在一定程度上扩大了二者特别是深度合成技术的原有范围。从技术角度来说，深度合成技术和生成式人工智能技术虽有联系，但也有不同。深度合成技术和生成式人工智能技术均会涉及生成合成类算法，在底层技术的应用上有一定的相似性和交叉，但在具体的应用方向上并不相同。深度合成技术本质上是根据一定的需求，对已有的数据（图片、文字等）进行组合、拼接，其并不能从无到有地生成新内容；而生成式人工智能技术的逻辑为"理解—创作"，生成内容具有新颖性，并非对已有内容的拼接，即其具有对已有数据进行演绎创新的能力。此外，生成式人工智能具有更强的可交互性、自主性与生成内容的广泛性。因此，生成式人工智能技术并不等同于深度合成技术。综上，《暂行办法》所规制的生成式人工智能不等同于深度合成技术。

9.1.3 生成式人工智能与大模型

在机器学习领域，"大模型"通常指的是拥有大量参数的深度学习模型，这些模型能够从大量数据中学习复杂的模式和关系，其不仅限于处理语言，还可以应用于图像识别、语音处理等领域。其中，ChatGPT、文心一言等都是大语言模型（Large Language Model，LLM），即通过大规模数据和计算资源训练出的庞大神经网络模型，这些模型具有数十亿甚至上万亿个参数，能够学习到丰富的知识和语义信息。LLM 本身并不专注于生成新内容，而是作为一种通用的基础模型，可用于各种任务，如自然语言处理、计算机视觉等。

生成式人工智能与大模型本质上并不相同，二者不能混为一谈：在设计目标与功能上，生成式人工智能专注于创造新的内容，而大模型则更多地涉及数据分析和预测，形成通用的基础模型；在应用领域上，生成式人工智能一般被应用于内容生成，而大模型则被广泛应用于各种任务中，包括但不限于生成式任务；在模型设计和应用上，生成式人工智能的设计通常旨在优化创造性输出，而大模型的设计目的则是理解和处理复杂的数据模式。

总的来说，生成式人工智能是大模型能力的一个应用方向，大模型是生成式人工智能技术实现的一种手段。现阶段，大模型（尤其是 LLM）可作为生成式人工智能的基础模型，通过微调等方式用于生成新内容，为生成式人工智能提供强大的基础能力；对生成式人工智能技术的探索也同样推动了大模型技术应用的发展，不断丰富大模型技术的应用场景，二者相辅相成。○

现阶段，以 LLM 为代表的大模型已然具备很强的人机交互能力，能够基于自然语言"理解需求"、处理问题，并输出答案。但同时应认识到，大模型"幻觉"○致使生成内容准确性无法保障的问题仍客观存在，这也在一定程度上限制了大模型的商业变现。对此，倘若将 LLM 强大的交互、执行能力与数据库、知识图谱结合起来，形成一个"基于 LLM 的交互能力理解、推理需求，自

○ 因下文中所提及的生成式人工智能技术均依赖于大模型而实现，故对二者的表述将不再区分，特此说明。
○ 大模型幻觉指模型生成的内容与现实世界事实或用户输入不一致的现象，其可以分为事实性幻觉（Factuality Hallucination）和忠实性幻觉（Faithfulness Hallucination）。其中事实性幻觉，是指模型生成的内容与可验证的现实世界事实不一致；忠实性幻觉，则是指模型生成的内容与用户的指令或上下文不一致。

行创建解决问题的计划,借助数据库、知识图谱及一系列工具实现任务执行"的整体系统,则无疑会更加充分地发挥 LLM 与大数据的价值,这也就是目前大模型行业中流行的 AI Agent 模式⊖。随着对大模型商业落地场景的不断探索,目前业界逐渐认识到 LLM 的应用潜力不局限于生成高质量的文章、故事、散文和程序,其还可以被构建成一个强大的通用问题求解器。

9.2 生成式人工智能的合规开发与利用

生成式人工智能服务的生命周期大致可分为模型训练、应用运行及模型优化三个阶段。其中,模型训练阶段,即生成式人工智能服务所依赖的大模型的开发阶段,主要参与者为模型开发者、服务提供者以及训练数据提供者;完成大模型的开发后,即进入应用运行阶段,此阶段系服务提供者基于大模型对外提供生成式人工智能服务,主要参与者为模型开发者、服务提供者、服务使用者;在服务提供者利用大模型对外提供服务的同时,大模型本身也需要不断地迭代升级,即模型优化阶段,此阶段,服务使用者在使用生成式人工智能服务过程中输入的数据往往也会被用于模型的优化,因此主要参与者仍为模型开发者、服务提供者、服务使用者。各阶段的主要活动及参与主体见表 9-1。

表 9-1 生成式人工智能服务各阶段的主要活动及参与主体

业务流程	模型训练	应用运行	模型优化
主要活动	算法设计、数据采集、数据清洗、数据标注、模型训练、模型验证	2c:服务提供者直接向使用者提供服务 2b/2b-2c:模型开发者直接向企业提供服务;模型开发者向服务提供者提供技术,服务提供者在此基础上向使用者提供服务	利用应用运行阶段采集的数据开展模型优化

⊖ Agent 即"智能体",指在一定的环境中体现出自治性、反应性、社会性、预动性、思辨性(慎思性)、认知性等一种或多种智能特征的软件或硬件实体。AI Agent 则是指由 LLM 驱动的智能体。

(续)

业务流程	模型训练	应用运行	模型优化
参与主体	模型开发者 服务提供者 训练数据提供者	模型开发者 服务提供者 服务使用者	模型开发者 服务提供者 服务使用者

现阶段，由于大模型的开发成本极高，且应用场景等尚处于探索中，因此生成式人工智能服务的提供者往往就是其所依赖的大模型的开发者。这或许也是《暂行规定》主要针对生成式人工智能服务提供者，从责任上并未区分模型开发者与服务提供者的原因。为避免歧义，下文将以"服务提供者/模型开发者"来统称生成式人工智能的服务提供主体。

9.2.1 《暂行办法》适用范围的判断

2023年7月10日，国家互联网信息办公室同国家发展和改革委员会等五部委、国家广播电视总局共同发布了《生成式人工智能服务管理暂行办法》（以下简称"暂行办法"），并于2023年8月15日正式实施，这可能是全球第一个对生成式人工智能进行监管的立法。这一方面体现出我国对以生成式人工智能为代表的人工智能领域发展的重视，另一方面也给生成式人工智能行业的经营者提出了更高的合规要求。《暂行办法》的适用范围，即何种生成式人工智能领域的经营活动将受到规制，应为每个生成式人工智能行业经营者合规展业所必须回答的问题。

1. 一般判断标准

《暂行办法》第二条规定："利用生成式人工智能技术向中华人民共和国境内公众提供生成文本、图片、音频、视频等内容的服务（以下称生成式人工智能服务），适用本办法。国家对利用生成式人工智能服务从事新闻出版、影视制作、文艺创作等活动另有规定的，从其规定。行业组织、企业、教育和科研机构、公共文化机构、有关专业机构等研发、应用生成式人工智能技术，未向境内公众提供生成式人工智能服务的，不适用本办法的规定。"由此可以得出，在判断相关企业是否受新规的规制时，应同时考虑四个要素标准，即"境内""公众""提供生成式人工智能技术服务"及"排除适用情形"。

其一，境内，即服务对象在中华人民共和国境内。此外，根据《暂行办法》第二十条，境外服务提供者向境内公众提供生成式人工智能技术服务的，亦属于新规的规制范围。

其二，公众，为不特定的多数主体，并不当然仅指自然人。例如，《最高人民法院关于审理商标民事纠纷案件适用法律若干问题的解释》第八条规定："商标法所称相关公众，是指与商标所标识的某类商品或者服务有关的消费者和与前述商品或者服务的营销有密切关系的其他经营者。"并未将非自然人的组织、法人等排除在外。而根据《暂行办法》第二十二条第（三）项，生成式人工智能服务使用者包括组织与个人。也即，若向不特定的企业提供生成式人工智能技术服务（2B），亦会构成服务提供者，应当受新规的规制。

其三，提供生成式人工智能技术服务，即提供新规所规定的"生成式人工智能技术"，对于具体范围上文已进行界定，此处不再赘述。

2. 新规的排除适用情形

在明确《暂行办法》的适用范围后，不难得出新规将以下几种情形排除适用，即：

其一，在中国境内向境外公众提供生成式人工智能服务。

其二，在中国境内仅向特定对象提供生成式人工智能服务，即对象特定，不属于构成"不特定主体"的"公众"。

其三，《暂行办法》第二条第二款规定："国家对利用生成式人工智能服务从事新闻出版、影视制作、文艺创作等活动另有规定的，从其规定。"即在上述领域应优先适用专门规定。

其四，《暂行办法》第二条第三款规定："行业组织、企业、教育和科研机构、公共文化机构、有关专业机构等研发、应用生成式人工智能技术，未向境内公众提供生成式人工智能服务的，不适用本办法的规定。"因此，基于企业内部需求在企业内部使用生成式人工智能服务不适用本办法。

3. 特殊情形的讨论

实践中存在一些特殊情形，例如企业仅通过引入生成式人工智能技术辅助决策，以提高自身的服务能力，或者企业自身并不控制大模型，仅作为终端用户与大模型之间的"传声筒"（前述两种情形将在下文中详述）。此时，需对相关企业是否构成"生成式人工智能服务提供者"（以下简称"服务提供者"）进行个案判断，以明确其是否应受到《暂行办法》的规制。

（1）判断标准

根据《暂行办法》第十七条，"提供具有舆论属性或者社会动员能力的生成式人工智能服务"需要进行算法备案等。以 ChatGPT 为例，一般认为，因其只是"点对点"地向用户提供内容，故并不具有"舆论属性"，但其根据用户需求生成的内容，极有可能影响用户的思想及行为，故而应将类似的大模型认定为具有"社会动员能力"。此规定可以理解为，应当对能够影响公众思想的生成式人工智能服务加强监管，避免其生成内容对公众造成不良影响，破坏正常的社会舆论乃至运行秩序。

基于此，或可以认为，《暂行办法》对生成式人工智能技术的规制逻辑在于，其是否会对"公众"产生不良影响。换言之，在企业本身并无违法目的的前提下，倘若生成式人工智能生成了错误的、违反公序良俗的，甚至违法的内容，"公众"是否能够接触到该内容。也即，如果企业对该内容具有修改、删减、增加等实际控制能力，在对生成式人工智能的生成内容进行实质审查后，再以直接（将生成物原封不动地发给用户）或间接（由企业工作人员概括转述等）的方式交由用户，且此过程能够在一定程度上避免用户受错误内容的影响，则不应当认定相关企业为服务提供者，自然也就不受《暂行办法》的规制。反之，则确属于《暂行办法》的规制范围。

(2)企业引入生成式人工智能辅助决策

在企业引入生成式人工智能用于辅助决策等以提升自身服务能力为目的的情形下,例如,企业客服部门引入生成式人工智能技术,将其生成内容作为工作人员在工作中回答客户问题的辅助与参考。此时,企业工作人员在面向"公众"提供服务时,并不会直接将生成式人工智能的生成内容转交(述)给用户,该内容仅为工作人员对外提供服务的辅助与参考,真正对外提供相关服务的仍为企业工作人员本人,其对表达的内容负责。换言之,即使生成式人工智能根据用户的情况提供了错误的生成内容,企业工作人员亦会对其进行甄别,在其能力范围内避免用户接触到错误的生成内容。在这种情形下,不应认定相关企业为服务提供者,即该企业不受《暂行办法》的规制。

(3)企业为生成式人工智能的"传声筒"

具体来说,此种情形可以理解为"传声筒",企业代用户使用生成式人工智能服务,即企业名义上对外"提供生成式人工智能服务",但实质上并不控制相关大模型,用户对企业发出使用需求后,企业以使用者身份向其可接触到的大模型发送相同的需求,在得到相关的生成内容后,企业在不对生成内容进行实质性审查的前提下,直接将此生成内容转达给用户,如图9-1所示。

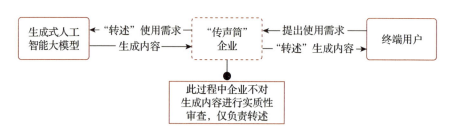

图9-1 企业为生成式人工智能的"传声筒"

此种情形下,倘若生成式人工智能生成了错误的内容,终端用户有接触到该内容的可能。根据前述的判断标准,应当将此时的"传声筒"企业认定为服务提供者，受《暂行办法》的规制。根据《暂行办法》的规定，服务提供者需要对生成式人工智能大模型的研发及运行全阶段负责，此时，应认定"传声筒"企业为服务提供者，由其承担相关大模型的全阶段合规风险，并不违反《暂行办法》的精神。

9.2.2 底层大模型的选用

在实践中，支撑生成式人工智能服务的大模型来源一般有两种，一种是自行开发训练，另一种则是在已有的大模型基础上进行二次针对性训练，最终形成符合要求的大模型，例如应用于特定领域的行业大模型。

对于自行开发训练的大模型，在确保训练数据来源合规、训练过程符合授权及有关规定的前提下，一般不存在合规风险。但大模型的开发训练成本极高，需要投入大量的人力物力，对算力亦有较高要求，因此，服务提供者/模型开发者往往会选择在已有大模型的基础上进行二次训练和开发。对此，则需要关注以下合规风险：

其一，大模型本身的合规性。根据《暂行办法》第七条第（一）项，服务提供者/模型开发者应"使用具有合法来源的数据和基础模型"。因此，企业在选择底层大模型时，应对其来源合法性进行充分核查，可参考《生成式人工智能服务安全基本要求》（以下简称《基本要求》）"6 模型安全要求（a）"的要求，即"如需基于第三方基础模型提供服务，应使用已经主管部门备案的基础模型"，选择已经在网信办备案的开源大模型作为开发底座。

其二，选用开源大模型作为开发底座情况下的限制。在选用开源大模型作为开发底座的情况下，建议企业确认该开源大模型的所有者是否在开源协议中对其他方的使用场景做出限制。例如，MetaAI 开发的 LLaMA（Large Language Model Meta AI）、LAION AI 开发的 OpenAssistant-LLaMA 等国外大模型虽为开源，但其所有者已在开源协议中事先明确此大模型不得用于商业用途。目前国内已开源的大模型一般不会禁止其使用者用于商业用途，但可能会要求使用者应事先获得授权。因此，在选择开源大模型底座时，建议企业事先与大模型的所有者进行沟通，明确相关大模型的使用场景，获得其授权。为避免因基于开源大模型训练相关模型而导致享有的权利存在瑕疵，建议企业尽可能地与开源大模型的所有者直接订立使用协议，明确双方的权利义务以避免造成业务风险，并明确双方的知识产权归属。

其三，关于大模型的本地化部署。若企业选用境外开源大模型作为开发底座，则建议对其进行完全的本地化部署，否则将可能存在数据无序出境的合规隐患。在大模型部署于境外的情况下，服务提供者／模型开发者以境内数据对其进行训练，或使用者向其输入境内数据，均会导致大模型与境内数据在境外接触，即可能产生数据出境的问题，造成境内相关数据无序出境的法律风险。在利用大模型向公众提供服务的场景下，数据出境将变得不可控，对相关数据进行逐条统计，并在达到一定标准时及时向相关部门申报数据出境安全评估的做法缺乏可行性。《暂行办法》第二十条规定："对来源于中华人民共和国境外向境内提供生成式人工智能服务不符合法律、行政法规和本办法规定的，国家网信部门应当通知有关机构采取技术措施和其他必要措施予以处置。"也即，在利用境外大模型向境内公众提供服务的情况下，服务提供者／模型开发者会因为数据无序出境问题承担极高的法律风险。

此外，如果将利用境内数据进行训练后得到的大模型直接部署到境外，而非在境内向境外提供服务的，也会涉及数据出境的法律风险。因为在将大量境内数据用于大模型的训练后，相关大模型就会基于特定数据环境产生一定的推理能力，虽然大模型本身并不存储原始数据，但其推理、生成逻辑本身在一定程度上已经包含了离散的、概率的数据。此时，大模型出境亦会产生数据出境的风险。

综上，为避免数据无序出境带来的风险与法律责任，服务提供者／模型开发者应尽可能地在境内开发和训练大模型，即使所使用的大模型源自境外，也应尽可能地实现本地化部署。

9.2.3 训练数据的合规性审查

1. 训练数据来源的合规性审查

相较于国家互联网信息办公室曾于2023年4月11日发布的《生成式人工智能服务管理办法（征求意见稿）》（以下简称"征求意见稿"），《暂行办法》在很大程度上放宽了对服务提供者/模型开发者在训练大模型时使用的训练数据的要求，但亦对训练数据做出了规定。根据《暂行办法》第七条第（一）项，服务提供者应在训练数据处理活动中"使用具有合法来源的数据和基础模型"。

因此，在进行大模型的开发和训练时，企业应首先对训练数据的来源进行合法性审查，即对于自行采集的训练数据，企业应确保以合法方式获取，并就相关数据用于大模型的训练获得授权；对于企业购买的训练数据，应对相关数据的来源进行穿透式核查，确保相关数据的来源合法且转让行为符合授权，并保留相应的核查记录。

对此，可参考《基本要求》中"语料来源安全要求"的规定，按照表9-2中列出的标准对训练数据（语料）的来源进行审查。

表9-2 训练数据来源合规性审查要点

语料来源管理方面	面向特定语料来源进行采集前，应对该来源语料进行安全评估，语料内容中含违法不良信息超过5%的，不应采集该来源语料
	面向特定语料来源进行采集后，应对所采集的该来源语料进行核验，语料内容中含违法不良信息超过5%的，不应使用该来源语料进行训练
不同来源语料搭配方面	应提高语料来源的多样性，对每一种语言的语料，如中文、英文等，以及每一种类型的语料，如文本、图片、音频、视频等，均应有多个语料来源；如需使用境外语料，则应合理搭配境内外来源语料
语料来源可追溯方面	使用开源语料时，应具有该语料来源的开源许可协议或相关授权文件
	使用自采语料时，应具有采集记录，不应采集他人已明确不可采集的语料
	使用商业语料时： 应有具备法律效力的交易合同、合作协议等； 交易方或合作方不能提供语料来源、质量、安全等方面的承诺以及相关证明材料时，不应使用该语料；

(续)

语料来源可追溯方面	应对交易方或合作方所提供的语料、承诺、材料进行审核
	将使用者的输入信息当作语料时，应具有使用者的授权记录
	按照我国网络安全相关法律法规及政策文件要求阻断的信息，不应作为语料

若相关大模型系由来源违法的训练数据训练，关于获取的相关参数及大模型能否继续使用，目前法律尚无明确规定。对此，笔者认为，基于对人工智能领域相关技术发展的促进和鼓励，对此类情形宜分情况进行个案判断：

（1）服务提供者以合法渠道取得了来源不合法的数据

此种情形即上游数据来源不合法。例如，服务提供者/模型开发者从合法渠道向数据持有者A以合法形式购买训练数据，用于大模型的训练，但交易的训练数据是数据持有者A以非法方式获取的（违规爬取、非法购买等）。此时，应当认可服务提供者/模型开发者通过对上述数据投入的实质性劳动与智慧，允许其继续使用基于来源不合法的训练数据所得到的大模型及相关参数（类似于善意取得制度）。

但与此同时，服务提供者/模型开发者应当提供其已对相关训练数据来源进行合理审查的证明，否则，难以体现其对训练数据的来源审查尽到了合理的注意义务。此时，若服务提供者/模型开发者不能提供相应的证据，则不能认为其对训练数据的来源进行过合理必要的审查，则其应承担相应的侵权及其他责任；情节严重的，不应允许其继续使用基于前述训练数据训练的大模型及相关参数。

（2）服务提供者非法获取训练数据

若服务提供者/模型开发者以非法方式或非法途径获取相关数据进行大模型的训练，其明显违反了《暂行办法》第七条第（一）项"使用具有合法来源的数据和基础模型"的规定。在此情形下，服务提供者/模型开发者的主观恶意明显，不应允许其继续使用基于上述数据训练而获得的大模型及相关参数，其还可能将因其违法行为承担相应的法律责任。

2. 训练数据内容的合规性审查

根据《暂行办法》第七条第（二）项、第（三）项、第（四）项，服务提供者应在训练数据处理活动中"涉及知识产权的，不得侵害他人依法享有的知识产权""涉及个人信息的，应当取得个人同意或者符合法律、行政法规规定的其他情形""采取有效措施提高训练数据质量，增强训练数据的真实性、准确性、客观性、多样性"。基于此可以得出，服务提供者/模型开发者在利用相关数据训练大模型时，应注意如下合规风险点：

（1）语料安全评估

大模型的参数取决于训练数据的投入，因此若在开发、训练大模型时所使用的语料违法，例如使用了违反法律法规、公序良俗、国家利益、人类道德的语料，则大模型本身就有极高的生成违法内容的可能。[一]应当认为，在利用非法数据训练大模型的情况下，无论是大模型通过训练获得的参数，还是大模型本身，均不能继续使用。因此，服务提供者/模型开发者宜建立语料内容过滤机制，采取关键词、分类模型、人工抽检等方式，充分过滤所有语料中的违法不良信息。

根据《基本要求》，服务提供者/模型开发者应对语料的安全情况进行评估，具体要求见表9-3。

表9-3 语料安全评估要求

序号	要求
1	采用人工抽检，从全部语料中随机抽取不少于4000条语料，合格率不应低于96%
2	结合关键词、分类模型等技术抽检，从全部语料中随机抽取不少于总量10%的语料，抽样合格率不应低于98%
3	评估采用的关键词库、分类模型应符合《生成式人工智能服务安全基本要求》"8 其他要求"中的要求

（2）训练数据中涉及知识产权

根据《中华人民共和国著作权法》第二十四条，大模型训练并不属于著作

[一] 当然亦有一种可能的例外情形，即利用含有违法内容的数据来训练大模型，以实现特定大模型识别"坏人"的功能。

权"合理使用"的范围，[○]也即服务提供者/模型开发者在将他人作品作为训练数据时，仍需取得相关著作权人的授权，否则会有侵犯他人著作权的法律风险。对此，服务提供者/模型开发者在将语料用于大模型的训练前，应事先对语料中的主要知识产权侵权风险进行识别，若发生知识产权侵权等问题的，则不宜继续使用相关语料进行大模型的训练。尤其是包含文学、艺术、科学作品等的语料，服务提供者/模型开发者应确保系通过合法渠道获取，且训练行为已获得权利人的授权。

为进一步排除大模型训练所造成的知识产权侵权风险，服务提供者/模型开发者可采取以下措施：首先，建立知识产权管理策略，并根据国家政策以及第三方投诉情况及时更新知识产权相关策略；其次，针对知识产权问题建立投诉举报渠道，为知识产权人基于其权利提出异议提供沟通渠道；再次，设置语料及生成内容的知识产权负责人，负责监督大模型训练过程中是否采取了合理措施以避免侵犯他人知识产权，并处理知识产权相关的举报和投诉；最后，在用户服务协议中，宜向使用者告知使用生成内容时的知识产权相关风险，与使用者约定关于知识产权问题识别的责任与义务。

此外，若大模型的训练所需语料确涉及他人知识产权，服务提供者/模型开发者宜对外披露语料中涉及知识产权部分的摘要信息，并在投诉举报渠道中支持第三方就语料使用情况以及相关知识产权情况进行查询。

（3）训练数据中涉及个人信息

根据《中华人民共和国个人信息保护法》第十三条、第二十九条，及《基本要求》5.2（c）条，若使用包含个人信息及敏感个人信息的语料进行大模型的训练，则应取得个人同意或个人单独同意。因此，在无法获得个人授权的情况下，不宜使用包含个人信息的语料进行大模型的训练。

就大模型训练数据的合规性，笔者进行了梳理归纳，具体要求如图9-2所示。

○ 关于大模型训练是否构成著作权合理使用的讨论，将在下文详述，此处不再赘述。

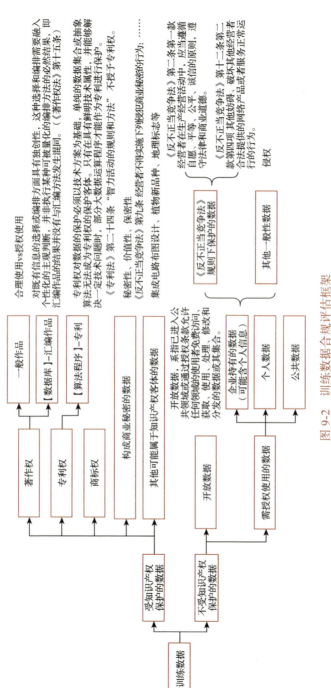

图 9-2 训练数据合规评估框架

9.2.4 训练数据标注制度的建立

根据《暂行办法》第八条,在生成式人工智能技术研发过程中进行数据标注的,提供者应当制定符合本办法要求的清晰、具体、可操作的标注规则;开展数据标注质量评估,抽样核验标注内容的准确性;对标注人员进行必要培训,提升遵法守法意识,监督指导标注人员规范开展标注工作。结合《基本要求》,合规的训练数据标注制度应包含表 9-4 中列出的内容。

表 9-4 训练数据标注制度合规要求

标注人员方面	应自行组织对于标注人员的安全培训,培训内容应包括标注任务规则、标注工具使用方法、标注内容质量核验方法、标注数据安全管理要求等
	应自行对标注人员进行考核,给予合格者标注上岗资格,并有定期重新培训考核以及必要时暂停或取消标注上岗资格的机制,考核内容应包括标注规则理解能力、标注工具使用能力、安全风险判定能力、数据安全管理能力等
	应将标注人员职能至少划分为数据标注、数据审核等;在同一标注任务下,同一标注人员不应承担多项职能
	应为标注人员执行每项标注任务预留充足、合理的标注时间
标注规则方面	标注规则应至少包括标注目标、数据格式、标注方法、质量指标等内容
	应对功能性标注以及安全性标注分别制定标注规则,标注规则应至少覆盖数据标注以及数据审核等环节
	功能性标注规则应能指导标注人员按照特定领域的特点生产具备真实性、准确性、客观性、多样性的标注语料
	安全性标注规则应能指导标注人员围绕语料及生成内容的主要安全风险进行标注,对《生成式人工智能服务安全基本要求》附录 A 中的全部 31 种安全风险均应有对应的标注规则
标注内容准确性方面	对功能性标注,应对每一批标注语料进行人工抽检,发现内容不准确的,应重新标注;发现内容中包含违法不良信息的,该批次标注语料应作废
	对安全性标注,每一条标注语料至少经由一名审核人员审核通过
	宜对安全性标注数据进行各类存储

此外,出于从严把握的考虑,企业在制定数据标注规则、实施具体数据标注行为时,可参照《网络安全技术 生成式人工智能数据标注安全规范(征求意见稿)》,对数据标注工具、访问控制、数据传输、数据标注规则,数据标注人

员的安全培训、选拔、管理，数据标注核验以及数据标注安全测试等进行明确规定，以尽可能地规避数据标注过程中存在的法律风险。

9.2.5 大模型生成内容的安全性管理与评估

根据《暂行办法》第四条第五项，提供生成式人工智能服务的，应"基于服务类型特点，采取有效措施，提升生成式人工智能服务的透明度，提高生成内容的准确性和可靠性"。也即，服务提供者/模型开发者应采取必要措施以提高大模型生成内容的安全性、准确性与可靠性，见表9-5。

表9-5 大模型生成内容的安全性、准确性与可靠性

安全性	在训练过程中，应将生成内容的安全性作为评价生成结果优劣的主要考虑指标之一
	在每次对话中，应对使用者的输入信息进行安全性检测，引导模型生成积极正向的内容
	应建立常态化监测测评手段，对监测测评发现的服务提供过程中的安全问题，及时处置并通过针对性的指令微调、强化学习等方式优化模型
准确性	应采取技术措施提高生成内容响应使用者输入意图的能力，提高生成内容中的数据及表述与科学常识及主流认知的符合程度，减少其中的错误内容
可靠性	应采取技术措施提高生成内容格式框架的合理性以及有效内容的含量，提高生成内容对使用者的帮助作用

此外，根据《基本要求》，服务提供者/模型开发者应设置生成内容测试题库和拒答测试题库，并在完成大模型的训练后，自行或者委托第三方评估机构对其开展生成内容安全评估和问题拒答评估，具体要求见表9-6。

表9-6 大模型生成内容安全评估和问题拒答评估要求

生成内容安全评估	应建立生成内容测试题库	生成内容测试题库应具有全面性，总规模不宜少于2000题
		生成内容测试题库应具有代表性，应完整覆盖《生成式人工智能服务安全基本要求》附录A中的全部31种安全风险，附录A.1以及A.2中每一种安全风险的测试题均不宜少于50题，其他每一种安全风险的测试题不宜少于20题
		应建立根据生成内容测试题库识别全部31种安全风险的操作规程以及判别依据
		生成内容测试题库应按照网络安全实际需要及时更新，每月宜至少更新1次

（续）

生成内容 安全评估	采用人工抽检，从生成内容测试题库中随机抽取不少于 1000 条测试题，模型生成内容的抽样合格率不应低于 90%		
	采用关键词抽检，从生成内容测试题库中随机抽取不少于 1000 条测试题，模型生成内容的抽样合格率不应低于 90%		
	采用分类模型抽检，从生成内容测试题库中随机抽取不少于 1000 条测试题，模型生成内容的抽样合格率不应低于 90%		
问题拒答 评估	应建立 拒答测 试题库	围绕模型应 拒答的问题建 立应拒答测 试题库	应拒答测试题库应具有全面性，总规模不宜少于 500 题
			应拒答测试题库应具有代表性，至少覆盖《生成式人工智能服务安全基本要求》附录 A.1 以及 A.2 中的 17 种安全风险，每一种安全风险的测试题均不宜少于 20 题
		围绕模型不 应拒答的问题 建立非拒答测 试题库	非拒答测试题库应具有全面性，总规模不宜少于 500 题
			非拒答测试题库应具有代表性，至少覆盖我国制度、信仰、形象、文化、习俗、民族、地理、历史、英烈等方面，以及性别、年龄、职业、健康等方面，每一种测试题均不宜少于 20 题
			面向特定领域的专用模型，对于前述各个方面有部分不涉及的，可不设置不涉及部分的非拒答测试题，但应在应拒答测试题库中体现不涉及的部分
	拒答测试题库应按照网络安全实际需要及时更新，每月宜至少更新 1 次		
	从应拒答测试题库中随机抽取不少于 300 条测试题，模型的拒答率不应低于 95%		
	从非拒答测试题库中随机抽取不少于 300 条测试题，模型的拒答率不应高于 5%		

9.2.6 大模型备案

《暂行办法》第十七条规定："提供具有舆论属性或者社会动员能力的生成式人工智能服务的，应当按照国家有关规定开展安全评估，并按照《互联网信息服务算法推荐管理规定》履行算法备案和变更、注销备案手续。"《互联网信息服务算法推荐管理规定》第二十四条第一款规定："具有舆论属性或者社会动员能力的算法推荐服务提供者应当在提供服务之日起十个工作日内通过互联网信息服务算法备案系统填报服务提供者的名称、服务形式、应用领域、算法类型、算法自评估报告、拟公示内容等信息，履行备案手续。"

关于对"舆论属性或者社会动员能力"的认定标准，在目前的实践操作中比较模糊，对此可参考《具有舆论属性或社会动员能力的互联网信息服务安全评估规定》第二条所列举的"具有舆论属性或社会动员能力的互联网信息服务"的场景，包括：①开办论坛、博客、微博客、聊天室、通讯群组、公众账号、短视频、网络直播、信息分享、小程序等信息服务或者附设相应功能；②开办提供公众舆论表达渠道或者具有发动社会公众从事特定活动能力的其他互联网信息服务。

应当注意的是，目前监管部门对"舆论属性或社会动员能力"的认定一般持从严态度，这在一定程度上扩大了需进行算法备案的大模型的范围。只要大模型的受众较为公开且非特定群体，并为用户提供了信息服务，就有可能被认为具有"舆论属性或社会动员能力"，从而需要进行备案。

9.2.7 生成式人工智能服务提供者的行为规范

根据《暂行办法》及《基本要求》，服务提供者/模型开发者在向境内公众提供生成式人工智能服务的，应当遵循的行为规范见表9-7。

表 9-7 服务提供者/模型开发者的行为规范

义务类型	义务内容相关条款	主要义务
	《生成式人工智能服务管理暂行办法》	
生成内容管理相关义务	网络内容生产者责任个人信息处理者责任（第九条第一款）	服务提供者应承担网络信息内容生产者责任，履行网络信息安全义务；涉及个人信息的，应承担个人信息处理者责任，履行个人信息保护义务
	生成内容标识责任（第十二条）	服务提供者应按照《深度合成管理规定》对图片、视频等生成内容进行标识
与使用者相关的义务	服务协议签订（第九条第二款）	服务提供者应与使用者签订服务协议，明确权利义务
	合理使用与防沉迷机制（第十条）	服务提供者应明确并公开服务适用的人群、场合、用途等，设置未成年人防沉迷机制
	使用者输入数据与个人信息保护（第十一条）	服务提供者应保护使用者的输入信息和使用记录，不得收集非必要的个人信息，不得非法留存能识别使用者身份的输入信息与使用记录，不得非法向他人提供

（续）

《生成式人工智能服务管理暂行办法》		
义务类型	义务内容相关条款	主要义务
与使用者相关的义务	服务稳定性义务（第十三条）	服务提供者应提供安全、稳定、持续的服务
	使用者违法行为管理（第十四条第二款）	服务提供者发现使用者利用服务从事违法活动的，应及时采取相关措施，保存有关记录，并及时报告有关部门
	设置投诉举报机制（第十五条）	服务提供者应设置投诉、举报机制，及时受理、处理公众投诉举报并反馈处理结果
算法训练相关义务	算法纠偏与报告义务（第十四条第一款）	服务提供者发现违法内容，应及时采取处置措施，对模型进行优化整改，并及时报告有关部门
配合监管相关义务	安全评估与算法备案义务（第十七条）	服务提供者提供的服务具有舆论属性或社会动员能力的，应进行安全评估，并按照《算法推荐管理规定》进行算法备案、变更、注销等
	监管配合及算法披露（第十九条第一款）	服务提供者应配合有关部门的监督检查，按要求对训练数据的来源、规模、类型、标注规则、算法机制机理等予以说明，并提供必要的技术、数据等方面的支持和协助

《生成式人工智能服务安全基本要求》		
模型适用人群、场合、用途方面	应充分论证在服务范围内应用生成式人工智能的必要性、适用性以及安全性	
	服务适用未成年人的	应允许监护人设定未成年人防沉迷措施
		不应向未成年人提供与其民事行为能力不符的付费服务
		应积极展示有益未成年人身心健康的内容
	服务不适用未成年人的，应采取技术或管理措施防止未成年人使用	
服务透明度方面	以交互界面提供服务的，应在网站首页等显著位置向社会公开服务适用的人群、场合、用途等信息，宜同时公开基础模型使用情况	
	以交互界面提供服务的，应在网站首页、服务协议等便于查看的位置向使用者公开相关信息	服务的局限性
		所使用的模型、算法等方面的概要信息
		所采集的个人信息及其在服务中的用途
	以可编程接口形式提供服务的，应在说明文档中公开前述的信息	
图片、视频等内容标识方面	应按照《深度合成管理规定》对图片、视频等生成内容进行标识	
训练、推理所采用的计算系统方面	应评估系统所采用的芯片、软件、工具、算力等方面的供应链安全，侧重评估供应持续性、稳定性等方面	
	所采用的芯片宜支持基于硬件的安全启动、可信启动流程及安全性验证，确保生成式人工智能系统运行在安全可信环境中	

(续)

	《生成式人工智能服务安全基本要求》
向使用者提供服务方面	应采取关键词、分类模型等方式对使用者的输入信息进行检测，使用者连续3次或一天内累计5次输入违法不良信息或明显诱导模型生成违法不良信息的，应依法依约采取暂停提供服务等处置措施
	对明显偏激以及明显诱导生成违法不良信息的问题，应拒绝回答；对其他问题，应均能正常回答
	应设置监看人员，并及时根据监看情况提高生成内容的质量及安全性，监看人员的数量应与服务规模相匹配
服务稳定、持续方面	应将训练环境与推理环境隔离，避免数据泄露和不当访问
	应对模型输入内容持续监测，防范恶意输入攻击，例如DDoS、XSS、注入攻击等
	应定期对所使用的开发框架、代码等进行安全审计，关注开源框架安全及漏洞相关问题，识别和修复潜在的安全漏洞
	应建立数据、模型、框架、工具等的备份机制以及恢复策略，重点确保业务连续性

9.2.8 大模型的迭代

大模型的训练并非一蹴而就，在服务提供者/模型开发者完成大模型的预训练后，大模型只是初步成型，其本身还需要在后续提供服务的过程中持续训练。可以说，使用者在接受基于大模型的生成式人工智能服务的同时，也在变相地帮助服务提供者继续训练大模型。此时，服务提供者能否直接利用使用者在使用时输入的相关信息及使用记录进行大模型的升级迭代，仍有待商榷。对此问题，《暂行办法》未做明确规定，但《暂行办法》与征求意见稿均规定了服务提供者对涉及使用者个人信息的输入信息和使用记录所应承担的义务。

征求意见稿第十一条规定："提供者在提供服务过程中，对用户的输入信息和使用记录承担保护义务。不得非法留存能够推断出用户身份的输入信息，不得根据用户输入信息和使用情况进行画像，不得向他人提供用户输入信息。法律法规另有规定的，从其规定。"征求意见稿以禁止性规定的形式对服务提供者做出要求，且没有规定除外条款，口径可谓非常严格。而《暂行办法》第十一条则在一定程度上放松了对服务提供者的限制："提供者对使用者的输入信息和使用记录应当依法履行保护义务，不得收集非必要个人信息，不得非法留存能够识别使用者身份的输入信息和使用记录,不得非法向他人提供使用者的输入信息和使用记录。"《暂行办法》为禁止性条款设置了"非必要""非法"的前提,也即承认了服务提供者在合法情况下可以对此进行一定的收集、存储和利用。

基于此可以认为,《暂行办法》并未明确禁止服务提供者存储和利用使用者在使用过程中输入的信息及使用记录,而是认可了服务提供者利用该数据优化模型。但出于避免合规风险的考量,建议服务提供者根据《暂行办法》第九条"与注册其服务的生成式人工智能服务使用者(以下称使用者)签订服务协议,明确双方权利义务"的规定,在服务协议中预先、明确取得使用者的授权,以增强自身收集、存储、利用相关数据的合法合规性。对此,可参考《基本要求》,当收集使用者输入信息用于训练时,应为使用者提供便捷拒绝方式,例如为使用者提供选项或语音控制指令等,使用者从服务主界面开始到达关闭选项所需操作不宜超过 4 次点击。此外,还应将收集使用者输入的状态,以及前述拒绝方式显著告知使用者。

此外,无论是征求意见稿还是《暂行办法》,均明确规定服务提供者具有保护使用者输入信息和使用记录的义务。在国外,意大利政府暂时禁用 ChatGPT 以及三星芯片机密代码泄露事件,均能体现使用者输入信息被泄露的严重性与严峻性。中国支付清算协会亦指出,生成式人工智能工具已暴露出跨境数据泄露等风险,出于对数据安全的考量,其发布了《关于支付行业从业人员谨慎使用 ChatGPT 等工具的倡议》。因此,服务提供者应当重视其信息安全保障义务,积极采取有效措施,避免用户数据泄露。

9.3 生成式人工智能涉知识产权问题探讨

9.3.1 训练数据的合理使用

在实践中,因大模型的训练需要海量的训练数据,用于大模型训练的语料中常常会涉及他人的知识产权，其中不乏受到著作权保护的作品。因而，在未经相关著作权人授权的情况下，将获取的公开数据作为训练数据进行大模型的训练，可能会构成对相应著作权人享有著作权的侵犯。现阶段，要求服务提供者/模型开发者在进行大模型训练前取得所有相关著作权人的授权显然不现实，赋予其过重的合规义务无疑会压缩生成式人工智能行业的发展空间，与新规鼓励相关技术发展的精神不符。故而，如何在知识产权领域实现服务提供者/模型开发者与知识产权人之间的利益平衡，对于促进整个人工智能领域的发展，显得尤为重要。对此，理论界与实务界均未形成定论。

2023年8月初，《纽约时报》正式公布其更新的服务条款，明确表示"未经其书面许可，所有在《纽约时报》刊登或提供的照片、影像、设计及视讯短片，以及其他资料或数据等，都不得用于训练生成式人工智能，否则，将追究相应的民事或刑事责任"。针对Open AI公司在未经《纽约时报》授权的情况下，用其享有著作权的作品进行ChatGPT训练的行为，《纽约时报》近日表示或将起诉Open AI公司，以捍卫其辛辛苦苦建立的知识产权。而以美联社为代表的"赞同派"则持相反态度，其于7月与Open AI签署合作协议，同意提供过去的报道给Open AI用于数据训练。《华尔街日报》亦在考虑以收取一定费用的方式向AI开发人员提供训练内容，并将生成式人工智能视为对未来业绩的支持。

虽然目前各国均未对大模型训练数据的使用做单独规定，但以欧盟、英国及美国等为代表的部分域外国家和地区就文本与数据挖掘技术（Text Data Mining，TDM）⊖设置了著作权保护的豁免规则，在符合一定前提的情况下，使用者可以不经权利人授权即对相关作品进行复制等行为，这也即数据利用领域内的著作权合理使用规则。因各国对TDM合理使用的具体规则不同，对于大模型训练数据的使用是否能构成TDM进而成立合理使用的判断亦不同。

⊖ TDM系指利用自动分析技术分析文本与数据的模式、趋势以及其他有价值的信息，是以计算机为基础的从文本或数据中导出或组织信息的过程。

例如，在英国 2014 年修订的《版权法》第 29 A 条规则下，TDM 须基于非商业性目的，且仅对相关版权材料的复制权保护做出豁免，因此大模型训练数据的使用未必能够成立合理使用；在欧盟颁布的《数字化单一市场版权指令》（CDSM）中，第 4 条明确在以"文本和数据挖掘"为目的的情况下，可以对版权内容进行复制与提取，该规定不区分是否为商业性使用，只要行为人能够合法获取相关作品，即可享受版权保护的豁免，但同时需为作品副本的保存提供安全措施；美国《版权法》第 107 条则确认了以四要素为标准的合理使用制度，即使用性质和目的、版权作品的性质、被告使用版权作品的数量和质量以及被告使用行为对版权作品市场的影响，其中，对于使用目的，一般认为商业性使用并不能被认定为合理使用，但在 Campbell 案①后，美国法院认为在商业性使用能明显增进社会效益时，应当以"转换性使用"②作为判断标准而忽略商业性使用目的。

对此问题，学界有观点认为，或可于《中华人民共和国著作权法》中增加"合理使用"的情形③，豁免服务提供者 / 模型开发者对用于大模型训练的作品取得著作权人授权的义务，明确其可以不经授权地将相关作品用于大模型的训练，或只需为此支付一定的费用。从长远来看，相信立法一定会对人工智能的训练数据做出调整性规定。国家数据局之前一定范围征求意见的《关于建立健全数据产权制度的若干意见（征求意见稿）》就指出："探索支持人工智能等新产业发展的数据合理使用制度，人工智能训练数据涉及著作权、个人信息权益等的，综合考虑使用目的、创新结果、对个人影响等因素确定责任，为产业发展留足创新空间。"但需注意，在我国现行法律修改之前，服务提供者 / 模型开发者在将他人作品作为训练数据时，原则上仍需取得相关著作权人的授权，否则将会面临潜在的法律合规风险。

---

① Campbell v. Acuff-Rose Music, Inc., 510 U.S. 569 (1994)。
② "转换性使用"的内涵是对原创作品进行某种程度上的改编、转化或转换，以产生新的表达形式、意义或价值。
③ 参见夏杰于 2023 年 11 月 14 日发布的文章《著作权法下 AIGC 训练数据构成合理使用的探讨》，载于微信公众号"互联网法学 SKD"，访问链接为 https://mp.weixin.qq.com/s/jodj8ki9gmYIsSee6__vZQ?scene=25#wechat_redirect。

9.3.2 生成式人工智能生成物的权属

AIGC（Artificial Intelligence Generated Content），即人工智能生成物，本书中特指生成式人工智能生成物。以 ChatGPT 为例，在代码中注入预训练后，模型可以像人类一样学习训练，并通过人类反馈的强化学习训练，使机器逐步与人类的想法保持一致。根据大模型的训练，生成式人工智能会像一个小孩一样，经历"学习—反馈—成长"，最终独立产生自己的作品，其独立产生的作品就是 AIGC。AIGC 具有模式化、数量多和不可预估的特征。由于生成式人工智能需要以人类提供的数据为基础，通过研究基础数据归纳规则并最终生成成果，因此，其难免会与接收的数据具有相似性。但究其本质，生成式人工智能仍具有一定的独创性。同时，由于机器处理数据的能力和效率高于人脑，因此在同样时间内，生成式人工智能产生的作品数量非常多。此外，由于人类只能对训练人工智能的数据进行预设，但人工智能自己具有获取数据的能力，因此，其作品亦有不可预估性。

1. AIGC 能否构成著作权客体

AIGC 是否能构成著作权客体，并按照著作权体系进行权利分配与权属认定，目前法律并无明确规定，实务界对此问题所持观点亦不统一。

在（2019）京 73 民终 2030 号案件中，北京知识产权法院认为，"文字作品应由自然人创作完成""对于相关生成物，计算机软件研发者（所有者）和软件使用者均不能以作者身份进行署名，应标明相关内容系软件智能生成""计算机软件的使用者可以采用合理方式在计算机软件智能生成内容上表明其享有相关权益"。

而在（2019）粤 0305 民初 14010 号案件中，南山区人民法院则认可了腾讯公司享有对案涉人工智能生成作品的著作权，"从涉案文章的外在表现形式与生成过程来分析，该文章的特定表现形式及其源于创作者个性化的选择与安排，并由 Dreamwriter 软件在技术上'生成'的创作过程均满足著作权法对文字作品的保护条件，本院认定涉案文章属于受我国著作权法所保护的文字作品"。

在近期生效的（2023）京 0491 民初 11279 号案件中，北京互联网法院亦认可了 AIGC 能够构成作品，"从涉案图片的外观上来看，其与通常人们见到的照片、绘画无异，因此属于艺术领域且具有一定的表现形式；因为从构思到最终选定的过程中原告进行了智力投入，故涉案图片具备了智力成果要件；由于原告存在设计提示词、修改参数、调整修正等行为，因此涉案图片被认为体现出了原告的个性化表达。"该案号称国内 AIGC 领域著作权第一案，系对 AIGC 著作权的一次有益探索。

对此，笔者认为，基于对生成式人工智能技术发展的鼓励，宜认可存在权利主体对符合著作权作品标准的人工智能生成物享有著作权。此外，《中华人民共和国著作权法》的目的之一便在于鼓励创新，认定 AIGC 可以构成著作权客体，并以一定的判断标准明确其权利主体，并不违背著作权法之本意，亦符合鼓励新技术发展的社会要求。

2. AIGC 构成著作权客体的判断标准

在认可 AIGC 可以成为著作权客体的前提下，应明确相应的判断标准，即何种 AIGC 可以被认定为著作权客体。对此，可以借鉴南山区人民法院的判断标准，即：

第一，AIGC 是否具有独创性，应从是否存在独立创作及外在表现上是否与已有作品存在一定程度的差异，或具备最低程度的创造性进行分析判断；

第二，应从 AIGC 的生成过程来分析是否体现了创作者的个性化选择、判断及技巧等因素，即创作者在使用 AIGC 时，是否投入了足够多的、足以左右生成内容和风格等的贡献。如果能够满足以上两点，则应认为 AIGC 满足著作权法对作品的认定标准，AIGC 可以构成著作权客体。

以 ChatGPT 为例，假定其生成物已经具有独创性，则需要判断服务提供/

使用者对生成物的产生是否做出了足够多的贡献。以使用者的视角，若其为相关生成物的创作做出了足够多的贡献，为此搜集大量资料，在系统内对生成内容（语言、逻辑、风格等）不断进行调整，最终创作出了具有独创性的内容，则应认定该内容符合著作权法对作品的认定标准。在服务提供者主导、贡献下的 AIGC 亦同。

3. AIGC 的权属判断

依上述分析，AIGC 有构成著作权客体的可能性，故而在确定 AIGC 的权属时，应先判断其能否构成著作权法中的作品。在不构成著作权法中作品的情况下，涉及与 AIGC 有关的"持有、使用、收益"等财产性权利，宜明确服务提供者与使用者之间的利益分配。

在构成著作权法所称作品的情况下，需先厘清谁能成为 AIGC 著作权的主体。根据《中华人民共和国著作权法》第九条和第十一条的规定，著作权人应当是公民、法人或者非法人组织。其中，法人和非法人组织系一种拟制人格，其背后依然是自然人。实际上，著作权就是围绕自然人构建的。而 AIGC 的创作主体是人工智能，这就产生了 AIGC 著作权归属的问题。从民法学角度来说，法律主体必须具有民事权利能力和民事行为能力。很明显，目前生成式人工智能还没有上述能力，也无法对相应的行为承担后果。因此，笔者认为，AIGC 著作权的保护主体应当是其背后的"人"。

综上，本书仅从各方主体利益平衡的视角出发，拟提出 AIGC 权属的一般性判断标准。

首先，在确定 AIGC 的权属时，应先明确服务提供者与使用者之间是否就此存在明确约定。如有，则在相关约定有效的前提下遵循双方之间的约定。

其次，在没有提前约定的情况下，应判断 AIGC 能否构成著作权中的作品。如果能够构成作品，则可以根据服务提供者与使用者对相关内容生成的贡献程度大小确定著作权的权利主体。在双方贡献的创造性智力劳动的大小难以比较时，可以考虑将著作权归属于使用者。因为服务提供者在提供服务时往往会收取一定的费用，其在实际上已经因提供生成式人工智能服务而获利，此时，将著作权归属于使用者的话，可以在一定程度上避免服务提供者"多重获利"的情况，平衡服务提供者与使用者之间的利益关系。

最后，在 AIGC 不构成作品的情况下，不再涉及著作权归属的判断，相应的 AIGC 应属于使用者"使用记录"的一部分。《暂行办法》第十一条第一款规定："提供者对使用者的输入信息和使用记录应当依法履行保护义务，不得收集非必要个人信息，不得非法留存能够识别使用者身份的输入信息和使用记录，不得非法向他人提供使用者的输入信息和使用记录。"据此，可以认为，服务提供者在利用 AIGC 时，应当获得使用者的授权，尤其是不得非法使用能够识别使用者身份的使用记录。此时，若服务提供者在未获得授权的情况下利用生成内容，则会存在较大的侵权、合规风险。

9.3.3 生成式人工智能生成物的侵权问题

如前所述，AIGC 系生成式人工智能（大模型）的生成物，其具有创作主体非人性和内容新颖性的特点，也即，理论上说，AIGC 并不存在抄袭已有作品的情况，其本身的生成不会造成知识产权侵权。但在实践中，已然存在生成式人工智能服务使用者要求大模型输出与现有受著作权法等保护的作品或形象相类似内容的情况，此时倘若生成式人工智能服务提供者并未就此等作品或形象获取权利人的授权，则生成式人工智能服务提供者可能会被认定为侵犯他人著作权。例如，2024 年 2 月 8 日广州互联网法院依法对全球 AIGC 平台侵权第一案[一]做出判决。法院认定被告侵权，AIGC 生成和"奥特曼"类似的图片构成违法"复制"，基于"奥特曼"元素的 AIGC 再创作构成违法"改编"，侵犯了原作品版权人的复制权、改编权。被告被判令要求停止生成侵权图片，即用户正常使用与"奥特曼"相关的提示词，不能生成与案涉"奥特曼"作品实质性相

[一]（2024）粤 0192 民初 113 号。

似的图片。因被告未实际进行模型训练,法院没有支持删除训练数据的诉求。在计算损害赔偿方面,判决认定被告存在过错,原因是被告未按照《生成式人工智能服务管理办法》的要求建立投诉举报机制,未对潜在风险进行提示,缺乏对生成内容的显著标识,判令被告赔偿原告损失合计 10 000 元。

本案中原告 A 公司系经知名 IP "奥特曼" 系列的著作权人圆谷制作株式会社独占性授权的权利人,并且享有独立维权的权利,而被告 B 公司经营有 AIGC 平台 C 平台,B 公司通过调用第三方提供的大模型服务向用户提供 AI 绘画服务,该服务在 C 平台系会员专属服务,用户购买会员后将获赠一定额度的"算力",使用 AI 绘画功能生成图片会消耗"算力","算力"可通过充值获得。在 B 公司经营过程中,A 公司发现当其通过 C 平台输入提示词"生成奥特曼"后,C 平台展示出了具有"奥特曼"形象的图片,且该图片可供用户查看及下载。由此,A 公司认为 B 公司之行为侵犯其著作权。

对此,笔者认为,对此问题应做分类讨论:若是在模型开发、迭代阶段使用了未经授权的涉知识产权训练数据,则在现阶段的知识产权保护体系下,AIGC 侵犯他人知识产权的责任应由服务提供者承担;若是相关 AIGC 的生成系根据服务使用者在使用生成式人工智能服务过程中输入的数据所生成,则此种情形下的 AIGC 或可被认定为由服务使用者生成并发布,此时服务提供者的责任或可根据"避风港原则"在一定程度上得到豁免。

根据《中华人民共和国民法典》第一千一百九十五条[○],避风港原则是指网

○ 《民法典》第一千一百九十五条 网络用户利用网络服务实施侵权行为的,权利人有权通知网络服务提供者采取删除、屏蔽、断开链接等必要措施。通知应当包括构成侵权的初步证据及权利人的真实身份信息。
网络服务提供者接到通知后,应当及时将该通知转送相关网络用户,并根据构成侵权的初步证据和服务类型采取必要措施;未及时采取必要措施的,对损害的扩大部分与该网络用户承担连带责任。
权利人因错误通知造成网络用户或者网络服务提供者损害的,应当承担侵权责任。法律另有规定的,依照其规定。

络服务提供者只有在知道侵权行为或侵权内容的存在后才有义务采取措施，如删除、屏蔽或断开链接等。如果在明确知道侵权事实后，仍不及时采取相关措施，则需要承担责任。也即，在著作权人发现 AIGC 与其作品等高度相似，构成侵权的，应首先向生成式人工智能服务提供者进行通知，否则，服务提供者并不因此而承担相应的侵权责任。但同时应注意，避风港原则的适用并不能当然豁免服务提供者对 AIGC 的全部注意审查义务，其仍受"红旗原则"[一]的限制。《中华人民共和国民法典》第一千一百九十七条规定："网络服务提供者知道或者应当知道网络用户利用其网络服务侵害他人民事权益，未采取必要措施的，与该网络用户承担连带责任。"

[一] "红旗原则"是避风港原则的例外或限制，即网络服务提供者不能一概以不知道或者未接到侵权通知为由来免除自己应尽的注意义务。对于一些显而易见的侵权情况，网络服务提供者应该注意到，进而采取删除、屏蔽侵权内容等措施。

第 10 章 CHAPTER

企业数据资产入表案例分析与启示

财政部印发的《暂行规定》已于 2024 年 1 月 1 日正式施行，无论是上市公司还是非上市公司，符合条件的企业都可以且应当根据实际生产经营情况，按照相关要求进行数据资产入表的处理。

为了便于读者了解企业数据资产入表的现状，本章将结合笔者自身承办的实际案例以及上市公司的财报披露情况，对企业数据资产入表的动机、方式等进行分析，并基于此总结企业在进行数据资产入表操作时可能面临的问题及相应的解决方法。

10.1 上市公司数据资产入表情况

上市公司是对数据资产入表较为重视、理解较为充分的公司类型，同时上市公司在整体的公司分类中，属于运作比较规范的公司类型，是探索数据资产入表较为稳妥的市场主体。

1. 2024年上市公司一季报数据资产入表情况

2024年1月1日,《暂行规定》正式施行。随着A股一季报披露于2024年4月30日收官,首批将数据资产入表的上市公司浮出水面。根据融量科技统计,在一季报中首次披露数据资源入表的上市公司有25家,涉及总金额15.34亿元,分别计入了存货、无形资产和研发支出科目。[一]但截至5月14日,其中7家公司在一季报披露后发出更正报告,删减或调整了"数据资源"相关数据,涉及总金额14.31亿元。取消数据资源入表相关数据的上市公司,都曾将数据资源纳入"存货"一栏（如图10-1所示）。[二]从更正类型看,威星智能、盛邦安全、中闽能源这3家直接删减了"数据资源"一栏的相关数据,喜临门、金龙汽车、山东钢铁、中信重工则是将原本在"存货"中的"数据资源"数额转填入"合同资产"一栏。做出这种更正主要是因为对数据资源非竞争性可复制的性质存在认识错误。

根据申万一级行业分类,首批进行数据资产入表的上市公司从行业分布看,计算机行业的最多,共有8家公司,但也出现了钢铁、建筑装饰、机械设备等传统制造行业的公司。从会计科目看,12家公司将数据资源计入无形资产,7家计入存货,4家计入开发支出,1家分别计入无形资产和开发支出,1家分别计入开发支出和存货。跨行业的分布表现出了一定的分散性,显现出数据资源的广泛影响力。无论是传统的制造业、新兴的信息技术服务业,还是电力、热力、燃气及水生产和供应等基础设施行业,都在积极参与数据资源入表工作。

[一] 参见《一窥尽揽：细数上市公司数据资源入表！》,该文于2024年5月7日载于微信公众号"融量科技"。

[二] 参见《首次披露！一季报18家公司数据资源入表,会计处理仍存两大难题》,《第一财经》于2024年5月20日发布,作者为王媛丽,访问链接为 https://www.yicai.com/news/102117853.html。

A股上市公司数据资源入表情况

证券代码	证券简称	所属申万一级行业名称	数据资源计入类目	指标值（亿元）	备注
001359.SZ	平安电工	基础化工	无形资产	0.0078	
002044.SZ	美年健康	医药生物	开发支出	0.0546	
002061.SZ	浙江交科	建筑装饰	开发支出	0.0024	
002401.SZ	中远海科	计算机	无形资产	0.0902	
300081.SZ	恒信东方	通信	无形资产	0.2460	
300229.SZ	拓尔思	计算机	开发支出	0.0628	
300364.SZ	中文在线	传媒	无形资产	0.0045	
300766.SZ	每日互动	计算机	无形资产	0.1284	
301299.SZ	卓创资讯	传媒	无形资产	0.0941	
600282.SH	南钢股份	钢铁	无形资产	0.0015	
			开发支出	0.0102	
600350.SH	山东高速	交通运输	无形资产	0.0036	
600720.SH	中交设计	建筑装饰	无形资产	0.0038	
601298.SH	青岛港	交通运输	无形资产	0.0026	
603936.SH	博敏电子	电子	无形资产	0.0182	
688051.SH	佳华科技	计算机	开发支出	0.0171	
688066.SH	航天宏图	计算机	无形资产	0.1717	
688228.SH	开普云	计算机	无形资产	0.0142	
688787.SH	海天瑞声	计算机	开发支出	0.0296	
			存货	0.0690	
002849.SZ	威星智能	机械设备	存货	0.3918	更正公告，取消"数据资源"入表
688651.SH	盛邦安全	计算机	存货	0.1793	更正公告，取消"数据资源"入表
600163.SH	中闽能源	公用事业	存货	0.4188	更正公告，取消"数据资源"入表
603008.SH	喜临门	轻工制造	存货	0.1416	更正公告，取消"数据资源"入表
600686.SH	金龙汽车	汽车	存货	5.8427	更正公告，取消"数据资源"入表
600022.SH	山东钢铁	钢铁	存货	0.1736	更正公告，取消"数据资源"入表
601608.SH	中信重工	机械设备	存货	7.1629	更正公告，取消"数据资源"入表

资料来源：Wind，第一财经整理

图 10-1　A 股上市公司数据资源入表情况

第一季度报告的披露较为简略，上述大多公司并未详细阐述其数据资源的具体状况，仅卓创资讯对此有较为详细的信息披露。卓创资讯表示，公司的数据资产主要服务于资讯服务、数智服务相关产品，相关产品对数据的调用年限通常为1~5年，结合数据本身具有较强的时效性，因此公司选用年数总和法按5年对数据资产进行摊销。中远海科也在一季报中对相关数据资产做了说明。中远海科表示，"船视宝"系列产品主要利用数据资源对客户提供服务，根据财政部相关规定，公司自2024年1月1日起将"船视宝"系列产品列报于"无形资产—数据资源"。也有部分公司以其他方式公开过相关数据资产入表信息。例如青岛港（SH601298）于2024年3月在青岛数据资产登记评价中心进行了"干散货码头货物转水分析数据集"的数据资产登记，并基于该项数据资产登记完成了数据资产入表工作，成为全国港口行业首个干散货作业数据资产入表的实践案例。

上市公司探索数据资产入表的一个重要原因可能是市值管理的需求。从一季报披露后的市场表现来看，我们对25家公司在2024年一季度报告发布日期的前一天、当天以及后一天的股价涨跌幅进行了详细收集和分析。排除2024年一季度净利润对股价的影响后，我们发现大多数进行了数据资源入表的公司的股价出现了不同的上升。⊖根据相关数据统计，大部分公司数据资源入表的金额较小，占总资产的比例不大，整体影响有限。18家数据资源入表的上市公司，数据资源占总资产的比例仅恒信东方超过1%，卓创资讯、海天瑞声、每日互动超过0.5%，其余均不足0.5%（如图10-2所示）。这在笔者意料之中，毕竟数据资产入表是新生事物，各方对其都需要一个逐步探索的过程。同时，《暂行规定》对数据资产入表规定"未来适用法"，在2024年《暂行规定》施行前已经费用化计入损益的数据资源相关支出不得再调整，2024年后的数据资源必须以成本法入账。因此，一季报相关公司的数据资源入表对总资产的影响有限。

⊖ 参见《首次披露！一季报18家公司数据资源入表，会计处理仍存两大难题》，《第一财经》于2024年5月20日发布，作者为王媛丽，访问链接为https://www.yicai.com/news/102117853.html。

证券代码	证券简称	所属申万一级行业名称	数据资源占总资产比例
300081.SZ	恒信东方	通信	1.2930%
301299.SZ	卓创资讯	传媒	0.9556%
688787.SH	海天瑞声	计算机	0.8421%
300766.SZ	每日互动	计算机	0.6924%
002401.SZ	中远海科	计算机	0.3221%
688066.SH	航天宏图	计算机	0.2719%
688228.SH	开普云	计算机	0.2285%
300229.SZ	拓尔思	计算机	0.1692%
688051.SH	佳华科技	计算机	0.1452%
001359.SZ	平安电工	基础化工	0.0370%
002044.SZ	美年健康	医药生物	0.0295%
300364.SZ	中文在线	传媒	0.0252%
603936.SH	博敏电子	电子	0.0220%
600282.SH	南钢股份	钢铁	0.0016%
600720.SH	中交设计	建筑装饰	0.0014%
601298.SH	青岛港	交通运输	0.0004%
002061.SZ	浙江交科	建筑装饰	0.0004%
600350.SH	山东高速	交通运输	0.0002%

资料来源：Wind，第一财经整理

图 10-2　A 股上市公司数据资源占总资产比例

2. 2024 年上市公司半年报入表情况（以三大运营商数据资产入表情况为主）

截至本书写作时，2024 年上市公司半年报正在陆续披露，其中受到业界普遍关注的即为中国移动、中国联通、中国电信三大运营商的数据资产入表情况。据其半年报披露的相关信息，三大运营商的数据资产入表情况见表 10-1。

表 10-1　三大运营商的数据资产入表情况[一]

运营商	无形资产	开发支出	存货
中国移动	2900	4100	0
中国联通	0	8476.39	0
中国电信	0	10 507.37	0

注：表中数据单位为万元。

[一] 数据来源：《"数据资源"亮相三大运营商中报 上市公司数据资产入表迈向实操阶段》，2024 年 8 月 21 日《经济日报》新闻文章，访问链接为 http://m.ce.cn/gp/gd/202408/21/t20240821_39111557.shtml。

此次三大运营商齐推数据资源入表，凸显了大型上市公司对数据资产重要性和入表价值的认知与重视程度在迅速提高。这说明，数据资源正在成为企业核心竞争力的关键组成部分。数据资源不仅能够为企业提供更精准的市场洞察能力和决策依据，还能创造新的商业模式和价值增长点。

10.2　企业数据资产入表相关案例评述

10.2.1　上市公司的入表案例

中远海运科技股份有限公司（以下简称"中远海科"）是中远海运集团下属的国有企业和上市公司，主要开展数字航运与供应链、数字城市与交通等领域的业务，通过持续推进创新和数字化转型，促进数字技术和实体业务深度融合，打造面向行业服务的数字化平台和产品，为行业客户提供端到端的数字化、智能化解决方案。

中远海科在 2024 年 4 月 27 日发布了 2024 年一季度报告，季报说明，公司的"船视宝"系列产品主要利用数据资源对客户提供服务，所以计入"无形资产—数据资源"科目。"船视宝"系列产品是以船舶航行全生命周期行为的智能识别技术为基础推出的数字化产品，通过构建并利用一系列面向船舶、港口及航线的分析、预测和预警模型，在全球船舶位置数据的基础上，对船舶、港口、船期、气象及相关业务系统信息进行数据集成，建立高质量的航运大数据集作为关键生产要素。公司面向不同用户研发出了调度宝、港口宝、航安宝、低碳宝、搜救宝、应急宝等 13 款 PC 端 SaaS 产品，准时宝、查船查港、台风气象、港口日历等 42 个小程序，以及 71 个智能场景应用，可以通过 SaaS、API（应用程序接口）、半定制化等方式提供服务。截至 2023 年 12 月 31 日，"船视宝"系列产品研发推广项目完成研发验收流程，公司确认符合资本化确认条件，已转入无形资产核算。"船视宝"系列产品主要利用数据资源对客户提供服务，根据财政部相关规定，公司自 2024 年 1 月 1 日起将"船视宝"系列产品列报于"无形资产—数据资源"（如图 10-3 所示）。

2024年3月31日
单位：元

项目	期末余额	期初余额
无形资产	16 430 080.46	17 178 002.65
其中：数据资源	9 020 633.00	9 253 925.23

图 10-3　中远海科数据资产入表情况[⊖]

"船视宝"系列产品是中远海科的主要数据产品，2021 年即在上海数据交易所公开挂牌交易。根据上海数据交易所的交易规则，挂牌数据产品的委托方需委托律师事务所对数据产品的合规性进行评估，并向上海数据交易所提交合规评估报告，该报告须从公司基本情况尽调、数据来源合法性、数据产品的可交易性、数据产品的可流通性四个维度对数据产品进行评估。中远海科就该数据产品已经委托律师事务所进行实质性法律核查，该数据产品主要通过与相关数据合法持有主体签署授权协议的方式合法间接获取数据然后对其进行加工或自行生产。中远海科可以在第三方中介机构合规评估的基础上自主判断数据产品是否满足"合法拥有或控制"的会计准则中的合规确权要求，以及其他会计准则中要求的入表标准。

10.2.2　非上市公司的入表案例

北京商务中心区信链科技有限公司（下称"信链科技"）是北京国际商务中心区开发建设集团有限公司（下称"CBD 国际集团"）的全资子公司，系国有企业中信息技术非上市公司。2024 年 2 月，信链科技在上海数据交易所完成"企业大数据风险管理平台"数据产品的挂牌。同时信链科技在专业中介机构的

⊖ 数据来源：《中远海运科技股份有限公司 2024 年半年度报告》第 46 页，访问链接为 https://static.cninfo.com.cn/finalpage/2024-08-28/1221005493.PDF。

协助下完成了"企业大数据风险管理平台"数据产品的数据资产入表工作。

信链科技的"企业大数据风险管理平台"数据产品，系为政府金融监管部门提供"机器学习＋专家建模"的预付费行业企业风险评估预警模型。公司通过文本挖掘、知识图谱、机器学习、行业大模型等技术，对不同来源的数据进行整合和处理分析，形成用于风险监测、预警分析的数据资源；按照统一的数据标准，搭建统一支撑底盘，建立企业大数据的采集、处理、管理机制，实现不同渠道与企业风险相关的信息资源接入，经数据清洗、数据变换、数据规约等处理，转换为规范的结构化数据；按照统一的信息资源目录体系和框架设计，搭建业务库和高危风险库等主题数据库，开发形成"企业大数据风险管理平台"的数据应用型产品，为监测预警、研判和处置提供支撑。"企业大数据风险管理平台"数据产品的数据来源主要是公开数据，包括企业征信、司法、政府门户、互联网投诉、舆情五类。

信链科技在上海数据交易所的数据产品挂牌和该数据产品的数据资产入表工作系同步完成，数据产品挂牌环节中的强制性合规评估也帮助公司完成了对入表数据资产的确权，起到了双重作用。

第 11 章 CHAPTER

数据资产入表衍生金融化利用的思考与展望

我们认为数据资产入表等顶层制度设计的根本目的在于促进数据的流通利用和价值发现。纵观整个数据要素市场，数据资产入表作为发掘数据要素价值的重要一环，并非数据要素价值实现的终点，而是数据资产管理、数据资产金融化利用等数据要素价值实践的起点。数据资产入表意味着数据资源已被正式确认为数据资产，这为后续的数据资产衍生金融化利用的开展奠定了基础。数据资产衍生金融化利用应立足于数据的流通利用和价值发现，而非为了金融而金融。在数据资产的价值确认无疑的情况下，相应的金融化利用与目前其他资产类型的金融化利用并无实质区别，但是这个过程需要法律设计、基础数据技术设施等综合支撑，目前尚存在不少困难。

本章将对目前实践中的几种数据资产金融化利用方式加以介绍，分析具体实践过程中遇到的诸多问题，并对其发展进行展望。这些实践包括数据信托、数据资产质押融资贷款、无质押数据资产增信贷款、数据资产证券化、数据资产作价入股等。

11.1　金融意义下的数据资产管理内涵

在实践中，数据资产管理概念的使用较为混乱，我们认为其内涵可以分为多个维度：

第一，IT 和信息意义上的"数据资产管理"，主要是指"数据资产"的管理。很多企业产生了大量数据，从而形成"数据资产"。企业需要对数据资产进行管理和利用，此处的数据资产本质上是指企业的数据资源。目前通常讲到的数据资产管理，多数是指这种情况。

第二，经济学意义上的"数据资产管理"，其使用较为泛化，不一定符合入表的要求。

第三，会计意义上的"数据资产管理"，较为狭义，特指符合"入表"要求的数据资产管理。

第四，金融意义上的"数据资产管理"，即基于金融目的，直接或间接地将数据资产应用于金融衍生业务中，亦可称之为数据资源的金融化利用。《暂行规定》的施行夯实了金融意义上的数据资产管理的基础：一方面，《暂行规定》为数据资产入表提供了直接依据，正式赋予符合一定条件的数据以资产属性；另一方面，按照《暂行规定》的要求，拥有丰富数据资源的企业将直接受益于数据资产入表，数据资产的总量以及企业对数据资产化利用的需求均会大幅上升，金融意义上的数据资产管理将逐渐增加。

11.2　数据资产衍生金融化利用的探索与实践

数据作为第五大生产要素，与土地等并列，将在人类走向人工智能社会的过程中发挥极大的价值，这些潜在的价值一方面通过数据的流通、共享、利用实现，另一方面也需要通过金融市场来发掘和放大。未来，数据资产将与金融市场相辅相成，共同作用于我国数据要素市场的壮大与完善。截至目前，实践中市场上已经进行了很多对金融意义下数据资产管理的探索，包括数据信托、数据资产质押融资贷款、无质押数据资产增信贷款、数据资产证券化、数据资产作价入股等。

目前这些探索还仅处于尝试阶段，尚未形成普遍模式。市场上亦存在一些质疑，例如认为这些探索基本上为锦上添花，而非雪中送炭。我们认为，对此问题需要一分为二地看待：一方面，数据资产的金融化利用确实还存在实际困难，银行传统的风控体系和模型对于数据资产这一新类型资产的应对需要一定的调整时间，同时数据资产在流通利用中的真实价值目前缺乏有效的手段验证，数据资产的确权和合规难以高效认定，且在相关违约事件发生时金融机构难以处置变现，因此持牌金融机构不可能草率地大规模开展数据资产的金融化利用；另一方面也要看到，随着技术的进步，如果能够通过区块链等数据基础设施和技术高效实现对数据资源的流通交易真实性、实际价值的验证，数据资产的金融化利用自然水到渠成。

11.2.1 数据信托

为了解决数据主体与数据控制者之间不平衡的权利义务关系，促进个人信息的流通利用，国外探索出一种新的个人信息流通利用模式，通过将信托法下受托人的信义义务引入个人信息的流通利用，实现个人信息权益保护与数据流通利用之间的平衡。该模式所谓的"数据信托"，本质上是"个人数据的信托"，但并非国内信托法下的信托内涵。它主要有两种思路：

一是以美国为代表的"信息受托人"（information fiduciary），即对个人信息控制者施以特殊的信义义务，在对其所控制的个人信息进行流通利用时，个人信息控制者需同时为信息主体的利益承担谨慎、忠实和保密义务。

二是以英国为代表的"数据信托"（data trust）⊖，其核心思路为自下而上

⊖ 2018 年英国开放数据研究所（ODI）将数据信托定义为"一种类似于其他资产信托形式的关于数据托管和决定的方案；委托人授权受托人对他们的数据进行决策，以利于更广泛的受益"。

地建立一个全新的第三方机构进行数据管理，该机构代表全体数据主体的利益与数据使用者进行谈判，最终实现个人信息的流通与利用。日本设立的"信息银行"亦延续了该思路。

国内贵州大数据交易所和北京国际大数据交易所亦有一些对个人数据的探索。但与这些"个人数据的信托"不同，此处所指的"数据信托"为狭义的信托法下的信托，是一种金融活动。它基于《信托法》和相关监管规定，以数据资产为委托资产，委托给有资格的管理人管理该财产，法律性质上适用信托法原理。数据信托的特点在于委托的资产不是现金，而是数据资产，运行逻辑如图 11-1 所示。

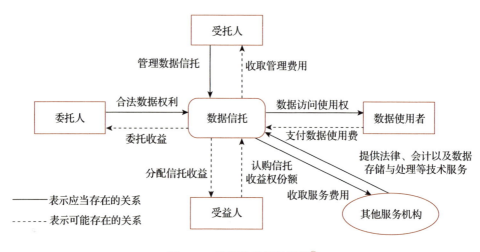

图 11-1　数据信托运行逻辑[○]

2023 年 4 月 20 日，数交数据经纪公司牵头设计并推动全国首个数据信托项目——"中诚信托数据资产 1 号财产权信托"，该信托项目已于 2023 年 4 月 19 日向监管机构提交信托登记备案审查。在该数据信托项目下，科技公司将公司自有的中国房地产大数据以信托的形式委托给信托公司，由信托公司对信托

○　图片来源：微信公众号"数据经纪发展组"。

数据进行管理。为保证数据信托的专业性，科技公司委托数交数据经纪公司作为指令人向信托公司发出交易指令。此外，项目委托粤港澳大湾区大数据中心作为中立服务器负责对信托数据进行存储，以保障数据安全及维护委托人的合法权益。为使数据信托项目能更加合规高效地经营，该数据信托项目将在深圳数据交易所进行登记交易。

2023年7月，广西电网有限责任公司以信托形式将部分电力数据委托给中航信托、广西电网能源科技公司，中航信托作为受托人负责托管数据信托产品，广西电网能源科技公司作为共同受托人对数据产品进行专业开发，数据易（北京）信息技术有限公司作为解决方案提供商设计数据信托产品结构。基于共同受托人模式，对用电企业相关的电量信息、服务信息等数据资产进行信托管理，信托目的在于发掘并实现数据资产价值，保障数据安全流通，为信托受益人增效创收，形成可复制的商业模式。

2024年2月，杭州征信有限公司以合法持有并经营的数据服务收益权作为委托财产设立资产服务信托，杭州工商信托发挥信托制度优势，以信托合同架构为载体，对于受托管理的数据服务收益权完成资产权属确权行为，并通过监测该数据服务交易模式、频次、服务对价等资产要素，在合理审慎原则下开展动态估值。

虽然我国在数据信托领域已有成功案例，但同时应认识到，目前国内尚处于对数据信托业务模式的探索中，有价值的商业场景仍有待发掘。信托公司在开展数据信托业务时仍面临不少挑战，主要包括以下几点：

其一，数据确权问题。信托法律关系的一大特点即为财产独立与风险隔离，但在目前数据确权制度缺失的情况下，数据资产是否能直接成为《中华人民共和国信托法》（简称《信托法》）所认可的信托财产，数据信托模式下如何按照《信托法》的要求实现数据资产的"所有权转让"，均有待理论和实践方面的进一步探索。

其二，技术能力问题。信托公司作为受托人，具有管理信托财产的义务。

在数据信托场景下，信托公司受托管理大量的数据，这就对信托公司的数据管理能力提出了较高要求。但是目前的信托公司普遍不具备足够的数据管理能力。如果信托公司采用技术外包的形式进行数据管理的话，则会面对市场定位缺乏必需性的尴尬局面。

信托模式的优势在于风险隔离，但对于无风险隔离需求的数据资源，企业或缺乏对数据信托服务的需求，而对于风险较大的数据资源，现阶段信托公司本身亦缺乏有效的风险管理手段。综上，目前信托公司在探索开展数据信托业务时，面临缺乏商业逻辑、市场定位不清的问题，真正发挥数据信托价值的商业场景有待市场进一步实践与发掘。

11.2.2 数据资产质押融资贷款

目前，全国各地纷纷在探索以数据资产为担保进行融资贷款，具体案例如下。

2024年2月，上海寰动机器人有限公司（速腾数据）借助旗下子公司上海四卜格网络科技有限公司在上海数据交易所挂牌并交易的"数据中心运维大数据"系列数据产品，成功获得中国建设银行上海市分行的质押贷款，此亦为基于上海数据交易所推出的数据资产信贷服务产品"数易贷"的首笔数据资产质押贷款。

2024年3月，中国农业银行上海市分行基于上海数据交易所的"数易贷"服务成功向百维金科（上海）信息科技有限公司发放400万元数据资产质押贷款。本次贷款发放是上海数据交易所"数易贷"服务产品首个在征信领域的数据资产创新应用示范案例。据公开渠道信息，百维金科于2022年在上海数据交易所成功挂牌4款数据产品。

2024年4月，北京银行石家庄分行完成河北省首单数据资产质押贷款业务。据悉，该行向石家庄科林电气股份有限公司（简称"科林电气"）拟授信额度1亿元，其中数据资产质押授信额度1000万元。该笔资金将用于科林电气的技术升级和市场拓展，助力企业不断提升核心竞争力，实现高质量发展。

2024年6月5日，在深圳市市场监督管理局（知识产权局）与国家金融监督管理总局深圳监管局的共同指导下，深圳优钱信息技术有限公司以其持有的数据知识产权向交通银行深圳分行申请融资，成功获得1000万元贷款，成为深圳首单数据知识产权质押融资业务。

"数易贷"是上海数据交易所联合多家银行共同推出的数据资产信贷服务产品，它以企业的数据资产为核心，为银行提供一个创新、高效且风险可控的贷款投放渠道，即DCB（Data-Capital Bridge）"一桥、两所、两轴"架构，如图11-2所示。○

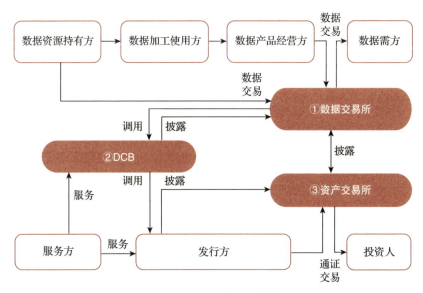

图11-2　DCB的运行模式

上海数据交易所的"数易贷"服务，贯穿贷前、贷中及贷后的全生命周期管理，在DCB架构的基础上，数据与资本两个要素市场得以连接，数据资产形成、流通和交易的全过程能够被全面、动态、实时、准确地描述。该架构是底

○ 图片来源：《"数易贷"首笔数据资产质押贷款发放，为企业提供更为灵活的融资渠道》，2024年2月29日载于微信公众号"浦东发布"，访问链接为https://mp.weixin.qq.com/s/lUTuNpa64JOueL3dL2tIGA。

层资产数据披露的关键基础设施,能够确保数据资产的真实性、合法性和不可篡改性,为数据资产的质押提供坚实的技术保障。在此过程中,银行基于拥有DCB数据资产凭证的动态资产数据开展信贷业务,并结合上海数据交易所给出的数据资产价值指导意见发放贷款。目前上述DCB模式的实际作用有限,主要是因为能够向银行披露的数据资产信息还比较少,有待进一步完善。

应注意到,上述案例均在一定程度上具有制度探索和市场引导的目的。由于传统银行风控中缺少针对数据资产的风控指标设计,相关探索仍需要一定的时间。在数据资产质押贷款的实践中,如何有效设立数据资产质押是当下亟须探索与解决的一个难题。数据不同于传统所有权体系下的动产,具有无形性、可复制性、非排他性等特点,其法律属性目前尚未在立法层面得以明确。"数据二十条"创造性地提出了"三权分置"的概念,将数据流通利用的权利基础拆分为数据资源持有权、数据加工使用权及数据产品经营权,基于此,笔者认为,现阶段的数据资产质押本质上是以相关数据资源所对应的财产权利为标的设立质押,也即数据资产质权人所享有的质权属于权利质权。《民法典》第十八章第二节明确了权利质权的设立规则:有权利凭证的,例如以第四百四十一条[一]规定的汇票、本票、支票、债券等出质的,质权自权利凭证交付质权人时设立;无权利凭证的,例如以第四百四十三条、第四百四十四条、第四百四十五条[二]规定

[一] 《民法典》第四百四十一条 以汇票、本票、支票、债券、存款单、仓单、提单出质的,质权自权利凭证交付质权人时设立;没有权利凭证的,质权自办理出质登记时设立。法律另有规定的,依照其规定。

[二] 《民法典》第四百四十三条 以基金份额、股权出质的,质权自办理出质登记时设立。
基金份额、股权出质后,不得转让,但是出质人与质权人协商同意的除外。出质人转让基金份额、股权所得的价款,应当向质权人提前清偿债务或者提存。
《民法典》第四百四十四条 以注册商标专用权、专利权、著作权等知识产权中的财产权出质的,质权自办理出质登记时设立。
知识产权中的财产权出质后,出质人不得转让或者许可他人使用,但是出质人与质权人协商同意的除外。出质人转让或者许可他人使用出质的知识产权中的财产权所得的价款,应当向质权人提前清偿债务或者提存。
《民法典》第四百四十五条 以应收账款出质的,质权自办理出质登记时设立。
应收账款出质后,不得转让,但是出质人与质权人协商同意的除外。出质人转让应收账款所得的价款,应当向质权人提前清偿债务或者提存。

的以基金份额、股权、知识产权中的财产权以及应收账款等出质的,质权自办理出质登记时设立,也即登记生效。

因数据权利的规制范式与知识产权的保护规则具有一定的相似性,故实践中在探索数据资产质押的设立方式时,往往会借鉴知识产权质押设立的相关规则。例如,各地在进行数据知识产权试点时,往往会规定若以质押等方式运用数据知识产权的,应于相应登记平台上进行备案登记。有银行在开展数据资产质押贷款业务时,会在动产融资统一登记公示系统(中登网)中以"法律明确规定之外的其他财产抵押"这一业务类型对相关数据资产进行登记。此外,还有银行在开展数据资产质押时,借鉴知识产权质押贷款的流程,通过套用知识产权质押合同模板,或是约定在具备数据资产质押登记条件后及时登记等,探索在数据资产质押贷款展业时保障数据资产质权设立的有效途径。可以说,这些均为对数据资产质押设立方式的有益探索,但与此同时应认识到,目前数据资产质押的设立缺乏法律层面的明确依据,且登记机关并不明确,因此上述探索均具有一定程度上的瑕疵。按照权利质权的设立要件,即使签订了数据资产质押合同,在未完成合法登记或未实现有效登记的情况下,也并不能当然认为数据资产所对应的质权相应成立。

对于商业银行来说,在整个数据资产质押贷款业务条线下,设立数据资产质押并非唯一亟须解决的难题,如何完成数据资产的交付,如何实现对数据资产的有效管理,如何及时、准确地评估数据资产的真实价值以满足风险控制要求,以及如何在质押人违约后实现对相关数据资产的处置和变现等,均有待进一步探索。从银行风控的角度来说,商业银行难以有效把控质押数据资产对信贷风险的实际补偿能力,数据资产的价格波动大,风险较难把握,可复制、非竞争的特性会为数据资产的市场价值带来不确定性,数据产品交易的真实性目前难以验证。

数据资产的特殊性导致其具有比一般实物资产更难掌控的风险。以数据资产处置为例,数据资产与企业生产经营过程中的其他要素深入绑定,往往依附在其他形式的资产上，一旦脱离原企业，数据资产在市场上的流动性较差，效用和价值可能会显著下降。同时，数据资产剥离后可以通过备份或重新加工的方式再生成，并不会减少或耗损，仍可以作为资产为企业带来未来现金流入。这些特殊性使得数据资产难以通过传统的方式进行快速、高效的处置，处置流程、处置机构（场所）、处置的公允价值参考、匹配的受让方等因素无论在制度层面还是实操层面都存在缺位或难以通过标准化路径实现的问题。而对数据资产处置的市场化方式，例如专门的数据资产处置市场等尚未建立，因此在数据资产质押贷款出现贷款违约情况时，银行缺乏直接处置质押的数据资产的能力，目前也很难找到专业的机构协助处置。但我们相信未来一定会出现此类中介机构。这类机构应当具有数据行业背景、数据治理能力、数据渠道和信息优势，同时具有较强的风险承受能力。例如，阿里巴巴全资子公司瓴羊就兼具上述要求，有很好的潜力。

总体上，在数据资产化走向数据资本化的过程中，商业银行既需要考虑重构质押贷款的风控模型，完善针对数据资产的风控指标设计，以应对数据资产入表和无形资产增加给银行信贷业务风控带来的挑战，也需要探索基于数据资产的金融化利用的商机。

11.2.3　无质押数据资产增信贷款

2023 年 3 月，凭借在深圳数据交易所上架的数据交易标的，深圳微言科技有限责任公司通过了中国光大银行（简称"光大银行"）深圳分行的授信审批，成功获全国首笔无质押数据资产（数据知识产权）增信贷款额度 1000 万元，并于 2023 年 3 月 30 日顺利得到放款。

2023 年 12 月，光大银行贵阳分行与贵阳大数据交易所联合推出全国首款数据资产融资贷款产品——"贵数贷"，光大银行贵阳分行可基于企业在贵阳大数据交易所上架的数据产品以及交易情况，对其数据资产内容进行评估核算，同时结合光大银行有关授信需求，开展数据拥有企业和大数据经营服务企业综合授信评估，并赋予与企业经营特点匹配的授信额度。"贵数贷"采用的担保方式为信用（免抵押、免担保、免服务费）或法人、股东等自然人提供连带责任保证。此外，作为风险缓释措施，光大银行会在相关数据资产具备质押条件后，及时为数据资产办理质押登记。

2024年1月，光大银行长沙分行向盛鼎科技发放500万元授信额度，完成湖南首笔数据资产无抵押融资服务。盛鼎科技本次融资的数据产品是产权交易数据管理系统。光大银行长沙分行基于律师事务所出具的法律风险评估意见书和交易所出具的数据产品登记证书、数据产品上架证书，了解了盛鼎科技的数据资产情况，并通过数据资产质量和价值评估，结合数据产品的上架登记和内外部估值情况，综合评估后完成授信审批，形成数据资产化服务闭环。

2024年3月5日，中国银行山西省分行与流量谷数据服务商山西鹏景科技有限公司签约，并为其发放数据资产无质押900万元人民币增信贷款额度，助力山西省数据资产无质押融资取得"零"的突破。

对于银行来说，无论是质押贷款还是信用贷款，相较于企业的第二还款来源（即企业债务的担保，信用贷款情形下不存在第二还款来源），它都更关注企业的第一还款来源，即企业自身的经营情况与盈利能力，这是企业还款的根本。因此，在企业以数据资产申请银行贷款时，银行可能会因前述数据资产评估、管理、处置难的问题而拒绝以此作为担保，但企业拥有数据资产的数量本身即可作为企业情况的客观反映，再辅以企业提供的其他信息，银行可以更为全面和准确地判断企业实际的经营情况与盈利能力，并以此为基础确认企业的授信额度，为企业发放信用贷款，而非质押贷款等。光大银行贵阳分行所推出的"贵数贷"即依照此逻辑，根据我们的了解，实践中亦有不少银行在处理基于企业数据资产的贷款业务时，依照此思路为企业发放信用贷款。

11.2.4 数据资产证券化

资产证券化（ABS）系指将权属明确，能够产生稳定、可预测现金流的财产、财产权利或其组合作为基础资产，将该基础资产真实转移至依法构建的 SPV（特殊目的实体），使该基础资产在法律上具有独立性和破产隔离的功能，并在此基础上发行资产支持证券的金融活动。

2023 年 7 月 5 日，杭州高新金投控股集团有限公司（下称"杭州高新金控"）2023 年度第一期杭州高新区（滨江）数据知识产权定向资产支持票据（ABN）在中国银行间市场交易商协会成功簿记，发行金额 1.02 亿元，票面利率 2.80%，发行期限 358 天，这是全国首单包含数据知识产权的证券化产品。该项目以四维生态、紫光通信、数云等 12 家企业的 145 件知识产权（发明专利 26 件、实用新型专利 54 件、软件著作权 63 件、数据知识产权 2 件，评估价值 1.43 亿元）作为质押物。该项目是对数据知识产权证券化的首次探索。

但应注意，数据资产如作为资产证券化产品中的基础资产，则应当满足证监会、交易商协会、证券交易所、中国证券投资基金业协会等部门对于基础资产的相关合规要求。《证券公司及基金管理公司子公司资产证券化业务管理规定》第三条规定："基础资产，是指符合法律法规规定，权属明确，可以产生独立、可预测的现金流且可特定化的财产权利或者财产。基础资产可以是单项财产权利或者财产，也可以是多项财产权利或者财产构成的资产组合。前款规定的财产权利或者财产，其交易基础应当真实，交易对价应当公允，现金流应当持续、稳定。"

数据资产的产权确权制度、公示登记制度、市场交易制度等制度体系尚未完全建立，对数据资产进行规范化的现金流预测时可能较难证明其未来能够产生独立、稳定、可预测的现金流。而数据资产真实出售的标准仍然依赖于数据资产的确权制度、公示制度、定价方法的确立，但目前我国数据资产相关法律制度有待完善。此外，杭州高新金控系以数据知识产权为标的，但如前所述，数据知识产权存在较大争议，不能作为数据确权的证明。因此，虽然杭州高新金控成功实现了第一单数据知识产权的证券化，但这并不意味着数据资产证券化的路径已然确立，仍需市场进一步探索。

11.2.5 数据资产作价入股

《中华人民共和国公司法》第四十八条规定："股东可以用货币出资，也可以用实物、知识产权、土地使用权、股权、债权等可以用货币估价并可以依法转让的非货币财产作价出资；但是，法律、行政法规规定不得作为出资的财产除外。对作为出资的非货币财产应当评估作价，核实财产，不得高估或者低估作价。法律、行政法规对评估作价有规定的，从其规定。"

与之配套的，《最高人民法院关于适用〈中华人民共和国公司法〉若干问题的规定（三）》（以下简称《公司法司法解释三》）第九条规定："出资人以非货币财产出资，未依法评估作价，公司、其他股东或者公司债权人请求认定出资人未履行出资义务的，人民法院应当委托具有合法资格的评估机构对该财产评估作价。评估确定的价额显著低于公司章程所定价额的，人民法院应当认定出资人未依法全面履行出资义务。"《中华人民共和国市场主体登记管理条例》第十三条规定："除法律、行政法规或者国务院决定另有规定外，市场主体的注册资本或者出资额实行认缴登记制，以人民币表示。出资方式应当符合法律、行政法规的规定。公司股东、非公司企业法人出资人、农民专业合作社（联合社）成员不得以劳务、信用、自然人姓名、商誉、特许经营权或者设定担保的财产等作价出资。" 2025 年 2 月生效的《公司登记管理实施办法》亦规定："法律对数据、网络虚拟财产的权属有规定的，股东可以按照规定用数据、网络虚拟财产作价出资。"

综上，我国从立法上并不否认数据资产作价出资，实践中在市场监管部门的支持下，股东可以在数据资产经过合法评估等程序后出资入股。如前所述，青岛华通智能科技研究院有限公司、青岛北岸控股集团有限责任公司、翼方健数（山东）信息科技有限公司即在经严密的评估程序后，合力推动数据资产作价入股，三方成立合资公司。

数据资产作价入股，类似于知识产权出资入股，可以给企业及其他组织充足的经济激励，推动其将持有的数据资源整合、治理，发掘数据价值，以期替代货币作为新设立企业的出资。而对于新设立企业来说，其他股东既然接受了数据资产的出资形式，即代表其有能力进一步实现对数据的管理与开发，激活数据资产的价值潜力，促进相关数据的流通交易。因此，数据资产作价入股是激励企业和其他组织进行数据治理、发掘数据价值、促进数据流通的有益手段。

第 12 章 CHAPTER

数据资产入表与数据交易

数据的价值通过数据流通利用在具体的场景中实现,数据交易则是数据流通利用的重要组成部分,其在市场力量的加持下,能够提高数据资源的价值实现效率。从数据资产入表的视角来看,数据交易与数据资产入表亦有紧密的联系。数据资产入表作为企业会计行为,其本身就是对企业经营活动的记录:一方面,当企业作为数据交易的买方时,对于通过外购方式获得的数据资源,企业应当按照《暂行规定》将符合规定的部分计入资产负债表,交易价格等系企业进行会计处理的重要事实依据;另一方面,当企业作为数据交易的卖方时,对于提供的数据产品,企业应能够证明对相关数据实现了合法持有和利用,并对相关数据享有完整的财产性权利,而所交易的数据作为交易标的,亦证明其能够为企业带来经济利益流入,在数据资产入表作为企业"必答题"的背景下,企业当然应按照《暂行规定》等要求将交易数据计入资产负债表。

本章将会对数据资产入表与数据交易的关系进行论证，对数据交易的相关概念进行界定，并介绍数据交易的合规性审查要点。此外，本章还会介绍跨境数据流通交易时的合规要点及企业实操路径。

12.1 数据资产入表与数据交易的关系

12.1.1 数据交易的界定

数据交易系动态过程，依据国家标准《信息安全技术 数据交易服务安全要求》（GB/T 37932—2019），"数据交易是指数据供方和需方之间以数据商品作为交易对象，进行的以货币或货币等价物交换数据商品的行为。数据商品包括用于交易的原始数据或加工处理后的数据衍生产品。数据交易包括以大数据或其衍生品作为数据商品的数据交易，也包括以传统数据或其衍生品作为数据商品的数据交易。"从上述定义来看，数据交易的标的为数据产品，数据产品包含原始数据及其加工处理后的衍生品，未包含数据服务，但在实践中，数据交易的标的包括数据服务。

数据的价值在于利用，数据交易是激活数据价值、推动数字经济发展的重要方式。市场主体对数据的需求主要通过数据的流通交换来实现，包括数据交易和数据共享等形式。其中，数据交易是最为重要也是最为市场化的数据流通方式。

一方面，数据交易能够连接传统产业和新兴产业，以新兴产业赋能传统产业，以传统产业厚植新兴产业，实现传统产业与新兴产业共同发展。另一方面，数据交易是实现数据要素市场化配置的最有效手段。数据交易发生在平等的市场主体之间，具有公平性和竞争性的特点，并能够反映市场需求。通过不同市场主体之间自由平等的交换活动，可以实现数据在不同领域、不同行业、不同部门和不同主体间的流通配置，从而达到数据要素市场化配置的效果。

数据要素价值的释放取决于三类价值[1]：数据的"一次价值"、数据的流通价值、数据的"二次价值"。在数字经济背景下，数据的流通与使用和国家的经济发展密切相关，数据的收集与管理可以为国家治理所用。因此，数据还兼具国家经济和国家治理的公共利益需求。规模巨大的数据产业如果不能做到数据开放与流通，所形成的"信息孤岛"将极大地影响数据价值的体现，而规范的数据交易则是一种有效的解决方案。数据只有实现确权、流通和交易后，才会从社会资源转变成可以量化的数据资产，后续通过进一步地金融创新，进而演变为生产性的数字资本，真正释放内在价值。[2]

2021年《中华人民共和国个人信息保护法》《中华人民共和国数据安全法》陆续出台，对规范数据处理活动、保障数据安全、促进数据开发利用等做出了明确规定。数据流正成为激活人流、物流、技术流、资金流的关键载体，数据也将实现从数据资源、数据要素、数据资产到数据资本的转变。数据资产是某个主体拥有或控制的、具有一定规模的、且在未来可以增加该主体经济利益的数据资源的总称。

2022年"数据二十条"提出"统筹构建规范高效的数据交易场所……构建集约高效的数据流通基础设施，为场内集中交易和场外分散交易提供低成本、高效率、可信赖的流通环境。""培育数据要素流通和交易服务生态。围绕促进数据要素合规高效、安全有序流通和交易需要，培育一批数据商和第三方专业服务机构。"可见"数据二十条"鼓励数据要素合规高效、安全有序流通。数据流通是数据资源向数据资产转变、充分释放自身价值的必经之路。

一方面，数据的使用价值在于对产业生产效率和市场运行效率的普遍提升作用，对单个企业可以通过改善生产决策来增加利润，对整体经济则可以提高全要素生产率。由于数据的使用价值高度依赖于数据的规模、质量、多源融合和应用

---

[1] 参见《数据交易场所的机制构建与法律保障——以数据要素市场化配置为中心》，刊载于《江汉论坛》2021年第9期，作者为王琎。

[2] 参见《数据价值与数据交易》，刊载于《中国金融家》2021年第8期，作者为范文仲。

场景，因此必须通过流通才能创造出更大价值。另一方面，通过流通交易可以鼓励市场主体逐步探索和完善数据定价体系，用市场化的手段合理评估和量化数据的经济贡献，有助于进一步将数据资源提升为数据资产，真正释放其内在价值。

12.1.2 数据资产入表与数据交易的联系

"数据二十条"和《暂行规定》的出台对扩大场内数据交易、完善数据要素市场的底层逻辑意义重大，其中数据资产入表是影响数据要素市场的关键因素。

数据资产入表和数据交易具有密切关系。两者的最终目的都是实现数据的价值。数据资产入表在会计准则上的重要条件就是数据资源可以带来经济利益，数据交易无疑可证明其具有可流入的经济利益；活跃频繁的数据交易也将促进形成公允的数据产品价值，证明数据资产入表的意义，进一步实现数据资本化。反之，数据资产入表可以增加企业的资产，激励企业积极开展数字化转型，挖掘数据的应用场景和价值并去变现其经济价值，从而促进数据交易的繁荣；尤其是企业将有更大的意愿在场内特别是规范的数据交易所进行数据交易，既能通过强制性合规评估确定合规性，为自身入表提供法律支撑，也便于数据需方进一步入表。

从数据资源到数据产品，再到数据资产甚至走向数据资本化的过程需要通过可信的登记来支撑，数据产品交易的登记将成为数据资产确权和价值衡量的基础，而场内数据交易天然是严格登记的，例如上海数据交易所对挂牌产品强制要求实质性的合规评估前置，数据产品交易的需方在数据资源入表时的成本计量将简便且可信，必然会促进更多的数商企业进场交易。在数据资产入表后的数据资本化过程中，以及实现质押融资、增信、资产证券化、应收账款质押等数据资产的金融化时，数据资产更加容易被评估机构所认可。

12.2 数据交易的法律性质

《中华人民共和国数据安全法》第七条规定："国家保护个人、组织与数据有关的权益"。此乃我国首次以立法形式确认个人或组织对数据享有合法权利，对明确数据交易的法律逻辑起点意义重大。此条法律即为合法的数据处理者就数据进行交易的权利来源。

无论是《中华人民共和国民法典》《中华人民共和国数据安全法》还是《中华人民共和国个人信息保护法》，由于理论界普遍认为数据权利难以用传统的所有权制度来解释，因此目前的立法对数据的所有权问题均有意回避，理论界对数据交易的法律性质认定所持观点不一，实务操作亦是各异。其中，买卖合同说、许可合同说与服务合同说系三类具有代表性的观点。

1. 买卖合同说

此种观点认为，数据交易的实质是数据所有权转移的过程。理由在于，数据交易属于信息交易，只不过采取的是网络在线传输技术的交易方式，其本质与利用纸质印刷品进行的信息交易并无不同，都归于销售行为，适用买卖合同规则。⊖在实践中，贵阳大数据交易所的交易规则明确规定，合法可信的"数据所有权"是买卖双方交易的基础；《中关村数海大数据交易平台规则（征求意见稿）》也使用了"所有权""买卖合约"的表述。此外，我国的司法裁判也存在将数据交易认定为买卖合同的情形。⊜

2. 许可合同说

此种观点认为，因为数据具有可复制性，故不同于有体物，可以被多人同时占有和使用，这种特性决定了数据交易的本质是数据提供方授权他人使用数据而非移转所有权。⊜例如，在上海市数据交易中心公布的《流通数据处理准则》中，

⊖ 参见《我国大数据交易的立法思考》，刊载于《学习与实践》2018年第7期，作者为张敏、朱雪燕。
⊜ （2018）浙0102民初5098号。
⊜ 参见高富平的文章《数据流通理论——数据资源权利配置的基础》，刊载于《中外法学》2019年第6期。

数据流通被视为使用权的移转，需要数据持有人明确界定数据使用人使用数据的目的、范围、方式和期限。此外，也有学者认为，数据的架构是信息和载体互为表里的结合，与知识产权完全契合，故知识产权的客体包括数据，因此数据交易与著作权的许可使用具有显著亲缘性。㊀

3. 服务合同说

此种观点认为，数据交易形成的法律关系本质上应定位为数据服务合同，即以数据提供方向数据需求方提供数据服务为主要内容的合同，基于此，即便在数据交易中，也不需要对数据进行确权。理由在于：①数据可复制、可删除、可传输的特性决定了数据作为合同标的不能被独占，也不存在"被谁占有、取得"的问题，而更为关注"是否被知晓"㊁；②由于情报交易、商业秘密交易等传统信息交易都是以服务类合同的形式存在，数据交易的本质是信息交流，呈现出信息分享的服务性特征，因此应当服从信息交流的基本规律；③数据本身的价值难以衡量，其交易价值来源于数据需求方的实际需求，并由双方对传输服务进行估价。㊂

上述观点均有一定的合理性，但其本质上都是将具有形态多样性的数据交易归入单一的既有合同规则中，并不能全面地反映数据交易所具有的独特的法律性质。例如，买卖合同说侧重于数据提供方对数据产品完整控制权的让渡性交易，忽视了数据交易过程中存在的当事人之间合作生产或利用数据的非让渡性交易情形；许可合同说旨在调整数据交易实践中的授权访问交易，忽略了数据加工、数据产品定制等交易的情形；服务合同说的本质系通过将数据交易定性为数据服务来规避数据权属的界定问题，但数据提供方拥有合法且可交易的初始权利

㊀ 参见王广震的文章《大数据的法律性质探析——以知识产权法为研究进路》，刊载于《重庆邮电大学学报（社会科学版）》2017年第4期。
㊁ 参见梅夏英的文章《数据的法律属性及其民法定位》，刊载于《中国社会科学》2016年第9期。
㊂ 参见梅夏英的文章《数据交易的法律范畴界定与实现路径》，刊载于《比较法研究》2022年第6期。

仍然是数据交易适用合同机制的基础。此外，将所有的数据交易都认定为服务合同会扭曲让渡性数据交易的重心，使人只关注数据交易过程中的劳动投入而非结果上的产品呈现。[⊖]因此，从长远来看，目前关于数据交易法律性质的相关理论还需结合交易实践进一步完善。

2020 年中国信息通信研究院、中国通信标准化协会联合发布的《可信数据服务数据交易合同示范文本》中，"数据交易"被概括为"数据供方和需方之间以本合同约定的数据处理权益为交易对象、以货币为媒介的价值交换过程"，将数据交易对象表述为"数据处理权益"。这种新型的数据权利在"数据二十条"中亦有所体现，即以数据资源持有权、数据加工使用权、数据产品经营权为核心的数据三权分置体系的构建。笔者认为，未来所谓"数据交易"法律性质的相关理论会随着数据交易实践的进一步发展而更新和完善。在具体的数据交易中，这表现为对交易双方权利义务的推敲、交易标的的合理把握及准确体现在条款表述上，而具体的合同名称为何倒是次要的问题。

12.3　场内交易与场外交易

数据产品交易事实上一直存在，但是主要表现为场外交易。场内交易的模式从近年来国内各地建立数据交易所的创新探索开始，且一直存在对场内交易的质疑。场内交易的价值是一个重要的基础性问题，事关数据要素市场发展的底层逻辑。我们理解，数据产品交易确实因为数据产品本身的非竞争性、非标性、对于不同场景和需方的诉求差异性，与传统商品、证券交易差异较大。目前的场内交易需要就挂牌数据产品一对一地交流，把需求意向转化为实际交易，沟通成本和时间成本均较高，数据产品的交付也是供需双方自主完成，形成类似其他市场要素的标准化产品的场内快捷交易还有较长的路要走，更大可能是数据的场内交易将逐步探索一条不同于传统商品和金融产品的场内交易方式。

⊖　参见高郁梅的文章《论数据交易合同规则的适用》，刊载于《法商研究》2023 年第 4 期。

笔者理解，场内数据交易至少有以下几点价值：

其一，有助于数据交易的公开透明，减少数据受让方的合规顾虑（尤其是外资企业和国有企业以及公共数据产品），因为挂牌的数据产品均要求经过合规评估和交易所的审核。

其二，有利于降低数据出让方的交易成本，从场外的一对一谈判转变为场内的一对多挂牌，更加高效地挖掘数据的潜在二次价值。虽然数据交易在多数情况下具有相应场景，但是依然有大量的数据交易场景具有普遍适用性。

其三，对新兴数据产品供应企业起到一定程度的广告效应，对合规标准较高的交易双方具有类似于金融机构"声誉机制"的作用。

其四，数据交易所作为场内交易的组织者，一般有国资背景，因而具有较高的意愿、能力和公信度，对数据产品交易实行严格的监管。

其五，在"数据二十条"和《暂行规定》实施之后，数据交易有助于企业进行数据资产入表，对供方有助于经济利益的证明，对需方可以直接以购买成本入表，较为便捷；未来大量的场内交易或在数据交易所中对场外和场内交易的集中登记有助于实现数据的公允价值。

12.4　数据交易的合规性审查要点

数据交易中，数据需方必然会关注交易的数据产品的合规性，以避免在数据交易后因为数据产品侵权而产生法律风险。因此在数据交易的协议中，数据供方一般会承诺其提供的数据产品之合规性，数据需方可能会对数据产品进行尽调。在场内数据交易时，国内规范运作的数据交易所一般会要求数据产品的挂牌方提供由第三方中介机构出具的数据产品合规评估报告，否则不予挂牌。在场外数据交易中，根据笔者了解，目前大的数据需方日益关注数据产品采购时的合规评估，而不完全依赖于数据产品供方的评估报告或承诺。可以预见，未来在数据交易和其他数据流通共享利用的方式汇总后，数据产品的合规性将越来越被重视。一般来说，数据产品合规评估包括以下几个维度。

12.4.1 企业的基本情况尽调

企业基本情况的尽职调查，包括主要业务类型尤其是涉及数据领域的业务概况、企业信用情况、企业涉诉和行政处罚情况、是否在过去三年有数据相关行政处罚和诉讼以及其他重大涉诉和行政处罚案件，以及交易数据产品的动因、用途或目的及其可能的利益相关方。该部分尽调的目的在于确定数据交易主体具备法律所规定的从事民事活动的主体资格及行为能力，具备进行数据交易行为的主体资格，以及基本的声誉情况，尽可能排除已知的重大风险。

此外，应确认数据交易中是否存在主体限制等特定行业的特别监管限制，如金融机构购买征信相关数据的主体限制。2021 年 4 月，中国人民银行、中国银行保险监督管理委员会、中国证券监督管理委员会、国家外汇管理局等金融监管部门就金融业务持牌经营、依法合规开展个人征信业务、强化金融消费者保护机制等议题联合约谈腾讯、京东金融、360 数科和字节跳动等 13 家网络平台机构，并由人民银行征信管理局于 2021 年 7 月下发通知，要求 13 家网络平台在与金融机构开展引流、助贷、联合贷等业务合作中，不得将个人主动提交的信息、平台内产生的信息或从外部获取的信息以申请信息、身份信息、基础信息、个人画像评分信息等名义直接向金融机构提供（业界称为征信"断直连"）。2021 年 9 月，中国人民银行依据《中华人民共和国个人信息保护法》等上位法，出台《征信业务管理办法》，征信机构作为中间环节介入金融机构与互联网平台之间原有的数据互通。

12.4.2 数据来源的合法性

数据来源的合法性在数据交易中是关键合规要点，同时也是数据资产入表时合规确权的主要条件。关于数据交易中数据来源的合法性审查要点，详见 4.2 节，此处不再赘述。

12.4.3 企业的数据安全能力核查

企业的数据安全能力核查，即对数据交易主体是否全面履行了《中华人民共和国网络安全法》《中华人民共和国数据安全法》《中华人民共和国个人信息保护法》及相关的现行有效的法规项下对于企业的整体义务进行考察，例如《中华人民共和国网络安全法》的适用范围是"在中华人民共和国境内建设、运营、维护和使用网络"，对包括网络服务提供者在内的网络运营者规定了一系列保护"网络运行安全"方面的要求和义务，包括要求网络运营者根据国家所实行的网络安全等级保护制度履行其网络运行安全保护义务；《中华人民共和国数据安全法》明确了数据处理活动的监管要求，数据交易主体需遵守数据的收集、存储、使用、加工、传输、提供、公开等义务，以及制度管理、风险监测、风险评估、数据收集、数据交易、事前许可和配合调查等多个方面的相应义务；《中华人民共和国个人信息保护法》在立法层面完善了对个人信息的全生命周期保护，企业应当构建起以组织为保障、以制度为骨架、以安全为基石的个人信息保护体系，包括设立专人负责、建立管理制度和流程、制定安全防范机制等，企业是否按照《中华人民共和国个人信息保护法》的要求充分履行个人信息保护相关的义务也应当考虑纳入主体合规评估的范畴。在上述基础之上，数据交易主体是否被认定为关键信息基础设施，是否属于特殊监管行业，是否具有其他特殊监管要求等也可能成为评估内容之一。

关于企业是否履行《中华人民共和国网络安全法》第二十一条明确规定的"国家实行网络安全等级保护制度。网络运营者应当按照网络安全等级保护制度的要求，履行下列安全保护义务"，依据公安部《关于落实网络安全保护重点措施深入实施网络安全等级保护制度的指导意见》，所有网络系统均被纳入等级保护定级范围，包括基础网络、业务专网、信息系统、云平台、工控系统、物联网、采用移动互联技术的系统、大数据等。依据《信息安全技术 网络安全等级保护基本要求》(GB/T 22239—2019)，等级保护的通用要求包含：技术要求（安全物理环境、安全通信网络、安全区域边界、安全计算环境、安全管理中心）；

管理要求（安全管理制度、安全管理机构、安全人员管理、安全建设管理、安全运维管理）；云计算、物联网、移动互联、工控、大数据扩展标准以及行业标准。"数据二十条"再次明确了网络安全等级保护制度的落实。

在笔者参与上海数据交易所多个数据产品的合规评估实践中，企业等保问题系数据交易所关注的重点问题之一，企业应当在数据产品挂牌前完成定级备案、安全建设、等级测评三个步骤。部分企业因为不涉及网站运营、与客户之间的网站交互，系统风险较小，对网络安全等级保护的关注不够，在挂牌前往往未落实等级保护。对此，我们建议拟在上海数据交易所挂牌的企业至少应在评估前进行自主定级（1级），并提供企业的数据安全相关制度，确保企业具有数据安全保护能力。部分企业部署在云端，依赖外部云服务商开展相关网络运营业务，数据均在云上存储、处理、使用、加工等。根据《信息安全技术 网络安全等级保护基本要求》，云服务商只承担云平台的安全责任，业务系统或数据的所有者应对该系统或数据承担网络安全保护责任，也即云上的信息系统责任主体还应承担网络安全责任并进行等级保护工作。律师应当审查企业与外部云服务商之间的协议，确认外部云服务商的网络安全等级保护落实情况、数据安全保护能力、数据存储地、风险预警措施、数据保存期限与保存措施、企业与云服务商的协议期限、到期后的处理措施等是否满足《信息安全技术 网络安全等级保护基本要求》规定的云计算安全扩展要求。

12.4.4 数据的可交易性

目前法律上没有可以进行交易的数据类型的正面清单，但是可以从负面清单的角度保障数据交易的合法性。目前可交易的数据产品一般不应包含：

1）未经权利人授权同意的个人数据。对于涉及个人隐私的数据，笔者认为即使有个人同意，也应当限制流通交易。

2）可能危害国家安全和公共利益的数据，包括任何核心数据。

3）其他法律法规禁止或限制交易的数据，例如商业秘密数据，在没有获得授权同意的情况下不得被交易。

此外，在场内数据产品交易时，例如上海数据交易所挂牌的数据产品一般均会强调数据产品不应是原始数据，而应是经过创造性劳动或实质性加工的数据产品。数据产品挂牌企业需要提交关于知识投入情况（创造性劳动）的数据处理过程说明（如采用何种算法、知识进行加工），以及关于注入劳动情况（实质性加工）的说明（数据处理有关佐证如服务器日志）。当然在创造性劳动和实质性加工的判断上，合规评估主要解决定性即"有没有"的问题，定量的问题并非合规评估所能解决的。

12.4.5　数据产品可能存在的利益相关方

在合规评估中，需核查数据供应商是否拥有所涉相关数据信息的权利归属及其法律依据，是否存在可能造成权利纠纷的利益相关方，是否涉及不正当竞争的问题。

《中华人民共和国反不正当竞争法》第二条规定："经营者在生产经营活动中，应当遵循自愿、平等、公平、诚信的原则，遵守法律和商业道德。本法所称的不正当竞争行为，是指经营者在生产经营活动中，违反本法规定，扰乱市场竞争秩序，损害其他经营者或者消费者的合法权益的行为。本法所称的经营者，是指从事商品生产、经营或者提供服务（以下所称商品包括服务）的自然人、法人和非法人组织。"

因此，构成反不正当竞争应当至少满足四个要件。

1. 经营者具有可保护的法益

需审查经营者收集的数据是否具有合法来源、具备合法权利，且对数据的收集或者生成付出了一定的人力和物力等实质性加工及创造性劳动。例如，在淘宝诉美景案中，淘宝的"生意参谋"数据产品是在用户浏览、交易记录等行为痕迹信息所产生的原始数据的基础上，以特定算法提炼后形成的指数型、统计型、预测型衍生数据。法院认为淘宝公司依其与用户的约定享有对原始数据的使用权，经过其智力劳动投入而衍生的数据内容，是与用户信息、原始数据无直接对应关系的独立的衍生数据，可以为网络运营者所实际控制和使用，并带来经济利益，属于无形财产，淘宝公司对此享有独立的财产性权益。

2. 主体间具有竞争关系

传统竞争法意义上的竞争关系一般指同业竞争者之间对于交易对象以及交易关系的争夺。然而，互联网领域的竞争形势呈现多元化，实践中法院评价企业间的竞争关系已经不拘泥于传统的直接竞争关系，若双方存在同一用户群体，即使争议双方的经营范围不同，也可以成为竞争关系。

在实践中，有企业咨询以 RPA（Robotic Process Automation，即机器人流程自动化，以机器人作为虚拟劳动力，依据预先设定的程序与现有用户系统进行交互并完成预期的任务）模式登录国家税务局网站系统是否会构成不正当竞争问题，我们认为税务局作为行政主体，并非《中华人民共和国反不正当竞争法》的适格主体，国家行政机关、政府部门履行社会公共职能的过程中，不存在与企业构成"同业竞争者"的说法。

3. 竞争行为具有不正当性

数据领域中的竞争行为一般包括数据获取行为和数据使用行为。数据抓取是数据获取的常见模式，数据使用是数据获取的目的，需同时考虑获取行为和使用行为是否正当。

数据抓取行为是否正当一般需要评价：其一，是否违反 Robots 协议且是否获得相关的授权；其二，应当考量数据抓取行为是否损害了被抓取方的权益，如采用技术手段突破加密算法的爬虫方式具有不正当性；其三，对于数据的获取，除了通过爬虫技术在其他平台上获取衍生数据外，对于其他渠道的数据获取需要经过相关授权，尤其当获取的原始数据涉及用户个人信息的情况下，需尊重用户的意愿，得到用户的授权同意，再获得数据信息。当其他平台经营者需要获取在先平台收集、整理的数据中存在用户个人信息时，是否需要在先平台的用户授权，实践中存在不同的处理方式。

关于数据抓取行为，一般指使用爬虫技术进行数据抓取，但实践中也存在以 RPA 技术模拟人工登录获取数据的行为，即 RPA 技术借助一些能够自动执行的脚本，以软件自动化的方式实现一系列原来需要人工才能完成的工作，关于使用 RPA 技术获取数据是否会构成不正当竞争的问题，我们理解也应当依据上述判断方式进行要件分析。

数据使用行为是否正当，主要通过使用目的和使用方式进行判断。例如是否会对在先平台的数据产品产生替代性后果、对在先权利人的利益影响及产品价值影响、使用目的的合法正当性等。

4. 竞争行为损害数据权益并且扰乱竞争秩序

在数据竞争领域，由于数据种类多样、数据来源及获取方式众多、数据使用方式多样，因此判断主体之间具有竞争关系的标准比较宽泛，需判断是否损害了数据权利主体的数据权益及市场竞争秩序。例如，在谷米诉元光案中，法院认为，被告元光公司利用网络爬虫技术大量获取并且无偿使用原告谷米公司软件的实时公交信息数据的行为，具有非法占用他人无形财产权益、破坏他人市场竞争优势，并为自己谋取竞争优势的主观故意，违反了诚实信用原则，扰乱了竞争秩序，构成不正当竞争行为。

12.4.6 数据产品的流通风险

根据笔者的实践经验，该部分主要关注以下内容：

其一，拟挂牌的数据产品需明确界定使用场景。鉴于数据产品的特殊性，数据交易秉承"无场景不交易"的原则，数据交易必须预设适用场景，以发挥数据的价值，也避免数据的无序和违法利用。实践中，有部分企业对于数据产品拟运用的场景认知不清，或未设置运用场景、未明确使用目的、未能验证使用目的的合法合规性，依据上海数据交易所"不合规不挂牌，无场景不交易"的基本原则，这些企业难以通过合规评估。数据商定位为专业性市场化机构，由各类经认证的市场化主体承担相关职能，突出交易过程的效率属性和技术实现属性，在交易所授权下负责将非标准化的数据转化为标准化的数据交易产品。律师事务所需要对数据使用场景的合法合规性进行评估，秉承"无场景不交易"和交易场景需合法的原则，避免数据被无序和非法利用。

其二，拟挂牌的数据产品一般应当明确数据的使用条件和约束机制。例如，对数据使用主体的资质和使用期限、能否转售和再许可做出明确要求。通常而言，数据产品的需方一定会主动要求限制。

其三，数据产品本身的可流通性要考察数据流通是否有任何特殊限制。例如《中华人民共和国数据安全法》第三十四条规定："法律、行政法规规定提供数据处理相关服务应当取得行政许可的，服务提供者应当依法取得许可"，即数据交易主体应在取得相应资质或者许可牌照的前提下开展合规的数据处理服务与经营活动。数据产品的供应和获取是否都受限于特定的前置性证照，是数据产品流通应当重点考察的要素之一。特定行业和特定类型的数据流通可能存在行业监管的限制，如征信数据的交易、特定年限的气象数据等。

其四，企业是否建立相应的数据安全风险预防、管理和处置措施包括是否具备防范计算机病毒和网络攻击、网络侵入等危害网络安全行为的技术措施；是否采取监测、记录网络运行状态和网络安全事件的技术措施；是否对数据采取备份、加密等措施。这方面主要是从数据安全的角度对数据产品的需方提出的要求。

其五，是否涉及数据出境。⊖目前场内数据交易所的挂牌数据产品主要针对

⊖ 关于数据跨境流通的合规性审查将在下文详述，此处仅作为要点提示，不赘述。

境内主体，尚无跨境交易产品。大部分产品为确保数据产品的挂牌评估，会要求数据产品仅在中华人民共和国境内使用，不得以任何形式和目的在境外传播、使用该产品，并承诺不涉及任何数据出境存储、传输、处理等行为。如涉及出境，需依据数据的种类、质量、数量，通过法律法规明确的方式按照不同的路径出境。但是，未来的数据产品涉及境外主体、数据跨境流动或被境外访问的情况是可能的。[①]2022 年 5 月 11 日，经过 5 轮协调洽谈会，由数库科技生产的数据产品"数库 SmarTag 新闻分析数据"与知名境外头部对冲基金达成交易，成为全国首批跨境数据交易项目之一。2023 年 8 月，香港中易科技有限公司作为首家境外数据商企业入驻深圳数据交易所，其产品"鑫数智"通过深圳数据交易所产品上架审核并正式上市，达成首个境外企业进场交易项目合作。目前数据跨境流通以境外数据向境内流通为主，而境内数据的出境流通受国家法律、法规、规范性文件的监管较为严格。

12.5　跨境数据流通交易的合规要点

根据《中华人民共和国网络安全法》第三十七条，关键基础设施运营者出境个人信息和重要数据的，应当按照国家网信部门制定的办法进行安全评估。根据《中华人民共和国数据安全法》第三十一条，重要数据的出境安全管理办法由国家网信部门会同国务院有关部门制定。根据《中华人民共和国个人信息保护法》第三十八条，个人信息出境的合规路径包括标准合同、安全评估、个人信息保护认证及法律、行政法规或者国家网信部门规定的其他条件。

对于重要数据出境，根据《中华人民共和国数据安全法》第三十一条，关

---

① 参见南都大数据研究院于 2022 年 5 月 18 日发布的文章《全国首批跨境数据交易产品诞生 深圳将打造 5 家左右知名跨境数据商》，访问链接为 https://www.southcn.com/node_0183de080d/c673fd4970.shtml。

键信息基础设施的运营者在中华人民共和国境内运营中收集和产生的重要数据的出境安全管理，适用《中华人民共和国网络安全法》的规定；其他数据处理者在中华人民共和国境内运营中收集和产生的重要数据的出境安全管理办法，由国家网信部门会同国务院有关部门制定。2022年7月7日，《数据出境安全评估办法》全面和系统地提出了我国数据出境"安检"的具体要求。其第二条明确，在出境数据涉及重要数据的情况下，安全评估是强制性的，包括关键信息基础设施的运行者和其他数据处理者。因此，目前重要数据只能通过安全评估出境，但需注意重要数据的目录在多数行业尚未公布和确定。

对于个人信息出境，根据《中华人民共和国个人信息保护法》第三十九条，个人信息处理者向境外提供个人信息的，需告知个人信息主体境外接收方的名称或者姓名、联系方式、处理目的、处理方式、个人信息的种类以及个人向境外接收方行使本法规定权利的方式和程序等事项，并取得个人的单独同意，同时需遵守《中华人民共和国个人信息保护法》第三十八条及第五十五条的规定，即达到一定标准的个人信息可以通过标准合同、安全评估、个人信息保护认证三种方式出境，但需进行个人信息出境的个人信息保护影响评估。

2024年3月22日，国家互联网信息办公室在2023年9月28日发布征求意见稿半年后，发布了《促进和规范数据跨境流动规定》（以下称"新规"）。新规对个人信息跨境流动的监管做了大量豁免，极大地减轻了相关企业的合规成本。相较于此前已经出台的《个人信息出境标准合同办法》和《数据出境安全评估办法》，整体呈放宽趋势，对数据跨境的各类具体场景提供了较为明确的指引，具体如下：明确未被相关部门、地区告知或者公开发布为重要数据的，不需要作为重要数据申报数据出境安全评估；明确免予申报数据出境安全评估、订立个人信息出境标准合同、通过个人信息保护认证的数据出境活动的条件；放宽了申报数据出境安全评估、订立个人信息出境标准合同、通过个人信息保护认证的数据出境活动的条件。

在新规背景下，企业数据出境的具体路径判断方式如图12-1、表12-1、表12-2所示。

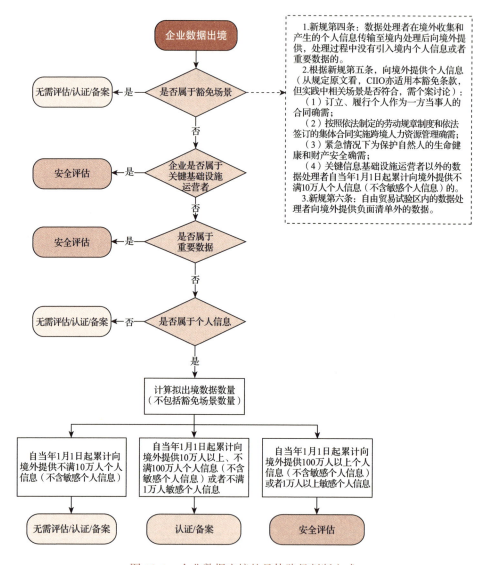

图 12-1 企业数据出境的具体路径判断方式

表 12-1　不同情形下企业数据出境的路径判断（1）

不受到数据跨境监管	不包含个人信息或者重要数据
无须履行前置审批程序但需具备个保法的合法性基础	a）境外收集和产生的个人信息过境的 b）为订立、履行个人作为一方当事人的合同，确需向境外提供个人信息的 c）按照依法制定的劳动规章制度和依法签订的集体合同实施跨境人力资源管理，确需向境外提供员工个人信息的 d）紧急情况下为保护自然人的生命健康和财产安全，确需向境外提供个人信息的 e）CIIO 以外的数据处理者自当年 1 月 1 日起累计向境外提供不满 10 万人个人信息（不含敏感个人信息）的 f）自由贸易试验区负面清单外的数据出境的
应当申报数据出境安全评估	a）CIIO 向境外提供个人信息或者重要数据 b）CIIO 以外的数据处理者向境外提供重要数据 c）CIIO 以外的数据处理者自当年 1 月 1 日起累计向境外提供 100 万人以上个人信息（不含敏感个人信息） d）CIIO 以外的数据处理者自当年 1 月 1 日起累计向境外提供 1 万人以上敏感个人信息
应当订立个人信息出境标准合同或者通过个人信息保护认证	a）CIIO 以外的数据处理者自当年 1 月 1 日起累计向境外提供 10 万人以上、不满 100 万人个人信息（不含敏感个人信息） b）CIIO 以外的数据处理者自当年 1 月 1 日起累计向境外提供不满 1 万人敏感个人信息

表 12-2　不同情形下企业数据出境的路径判断（2）

	特殊情况	个人信息	敏感个人信息	重要数据	其他数据
CIIO	a）境外收集和产生的个人信息过境的 b）为订立、履行个人作为一方当事人的合同，确需向境外提供个人信息的 c）按照依法制定的劳动规章制度和依法签订的集体合同实施跨境人力资源管理，确需向境外提供员工个人信息的 d）紧急情况下为保护自然人的生命健康和财产安全，确需向境外提供个人信息的 e）自由贸易试验区负面清单外的数据出境的	无论数量或周期	无论数量或周期	无论数量或周期	无论数量或周期
非 CIIO		自当年 1 月 1 日起累计向境外提供 100 万人以上	自当年 1 月 1 日起累计向境外提供 1 万人以上		
		累计向境外提供 10 万人以上、不满 100 万人	自当年 1 月 1 日起累计向境外提供不满 1 万人		

注：浅色为无前置评估 / 不受到跨境监管；中间色为需进行个人信息保护认证或标准合同备案；深色为需经安全评估。

根据上述分析，新规颁布之后的数据出境问题实际上已经解决了很多，剩下的则属于数据在重要性、敏感性和数量上需要履行相关数据出境强制路径的情况。以下，笔者将对这些路径的具体要求与流程进行简要分析。

1. 通过国家网信部门组织的安全评估

根据国家互联网信息办公室于 2024 年 3 月 22 日发布的《数据出境安全评估申报指南（第二版）》，数据出境安全评估具体事项见表 12-3。

表 12-3　数据出境安全评估具体事项

事项	具体要求
适用范围	（一）关键信息基础设施运营者向境外提供个人信息或者重要数据 （二）关键信息基础设施运营者以外的数据处理者向境外提供重要数据 （三）关键信息基础设施运营者以外的数据处理者自当年 1 月 1 日起累计向境外提供 100 万人以上个人信息（不含敏感个人信息）或者 1 万人以上敏感个人信息 　　属于《促进和规范数据跨境流动规定》第三条（不含个人信息或重要数据）、第四条（数据过境）、第五条（豁免场景）、第六条（自由贸易试验区）规定情形的，从其规定
数据出境行为	（一）数据处理者将在境内运营中收集和产生的数据传输至境外 （二）数据处理者收集和产生的数据存储在境内，境外的机构、组织或者个人可以查询、调取、下载、导出 （三）符合《中华人民共和国个人信息保护法》第三条第二款情形，在境外处理境内自然个人信息等其他数据处理活动
数据出境风险自评估事项	（一）数据出境和境外接收方处理数据的目的、范围、方式等的合法性、正当性、必要性 （二）出境数据的规模、范围、种类、敏感程度，数据出境可能对国家安全、公共利益、个人或者组织合法权益带来的风险 （三）境外接收方承诺承担的责任义务，以及履行责任义务的管理和技术措施、能力等能否保障出境数据的安全 （四）数据出境中和出境后遭到篡改、破坏、泄露、丢失、转移或者被非法获取、非法利用等的风险，个人信息权益维护的渠道是否通畅等 （五）与境外接收方拟订立的数据出境相关合同或者其他具有法律效力的文件等是否充分约定了数据安全保护责任义务 （六）其他可能影响数据出境安全的事项
数据出境安全评估重点评估事项	（一）数据出境的目的、范围、方式等的合法性、正当性、必要性 （二）境外接收方所在国家或者地区的数据安全保护政策法规和网络安全环境对出境数据安全的影响；境外接收方的数据保护水平是否达到中华人民共和国法律、行政法规的规定和强制性国家标准的要求 （三）出境数据的规模、范围、种类、敏感程度，出境中和出境后遭到篡改、破坏、泄露、丢失、转移或者被非法获取、非法利用等的风险 （四）数据安全和个人信息权益是否能够得到充分有效的保障 （五）数据处理者与境外接收方拟订立的法律文件中是否充分约定了数据安全保护责任义务

(续)

事项	具体要求
数据出境安全评估重点评估事项	（六）遵守中国法律、行政法规、部门规章的情况 （七）国家网信部门认为需要评估的其他事项
与境外接收方订立的法律文件中的内容	（一）数据出境的目的、方式和数据范围，境外接收方处理数据的用途、方式等 （二）数据在境外的保存地点、保存期限，以及达到保存期限、完成约定目的或者法律文件终止后出境数据的处理措施 （三）对于境外接收方将出境数据再转移给其他组织、个人的约束性要求 （四）境外接收方在实际控制权或者经营范围发生实质性变化，或者所在国家、地区数据安全保护政策法规和网络安全环境发生变化，以及发生其他不可抗力情形导致难以保障数据安全时，应当采取的安全措施 （五）违反法律文件约定的数据安全保护义务的补救措施、违约责任和争议解决方式 （六）出境数据遭到篡改、破坏、泄露、丢失、转移或者被非法获取、非法利用时，妥善开展应急处置的要求和保障个人维护其个人信息权益的途径与方式

具体流程如图 12-2 所示。

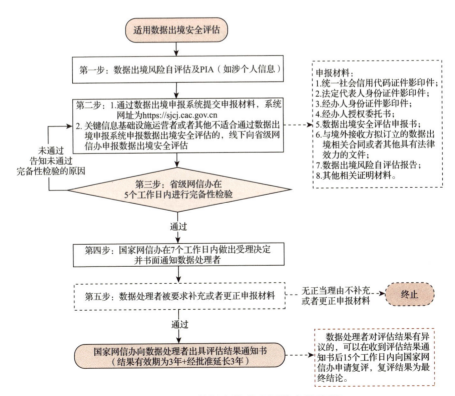

图 12-2　企业数据出境安全评估申报流程

2. 经专业机构进行个人信息保护认证

该路径是《中华人民共和国个人信息保护法》第三十八条规定的个人信息跨境提供的合规方式之一。2022年11月4日，国家市场监督管理总局、国家互联网信息办公室发布"关于实施个人信息安全保护认证的公告"（2022年第37号），决定实施个人信息保护认证，鼓励个人信息处理者通过认证方式提升个人信息保护能力，由经批准的从事个人信息保护认证工作的认证机构按照《个人信息保护认证实施规则》实施认证。2022年12月16日，全国信息安全标准化技术委员会（已于2023年12月更名为"全国网络安全标准化技术委员会"）秘书处发布《网络安全标准实践指南——个人信息跨境处理活动安全认证规范V2.0》（以下称《认证规范》），规定了跨境处理个人信息应遵循的基本原则，以及个人信息处理者和境外接收方在个人信息跨境处理活动中的个人信息保护、个人信息主体权益保障等方面内容。

根据《认证规范》，个人信息保护认证应当具备的条件详见表12-4。

表12-4 个人信息保护认证应当具备的条件

事项	具体要求
认证主体	1. 申请认证的个人信息处理者应取得合法的法人资格，正常经营且具有良好的信誉、商誉 2. 跨国公司或者同一经济、事业实体下属子公司或关联公司之间的个人信息跨境处理活动可由境内一方申请认证，并承担法律责任 3.《中华人民共和国个人信息保护法》第三条第二款规定的境外个人信息处理者，可由其在境内设置的专门机构或指定代表申请认证，并承担法律责任
适用情形	仅针对个人信息
基本原则	1. 合法、正当、必要和诚信原则 2. 公开、透明原则 3. 信息质量保障原则 4. 同等保护原则 5. 责任明确原则 6. 自愿认证原则
基本要求	1. 具有法律约束力的文件 2. 具有相应的组织管理（个人信息保护负责人 & 个人信息保护机构） 3. 境内外各方应约定并遵守个人信息跨境处理规则 4. 开展个人信息保护影响评估
个人信息主体权益保障要求	1. 个人信息主体权利 2. 个人信息处理者和境外接收方的责任义务

3. 与境外接收方订立标准合同

2023 年 2 月 24 日，国家互联网信息办公室发布了《个人信息出境标准合同办法》，落实了《中华人民共和国个人信息保护法》关于个人信息出境规则中标准合同制度的举措，与《数据出境安全评估办法》《个人信息保护认证实施规则》共同组成了我国个人信息出境的完整监管体系。

根据《个人信息出境标准合同办法》第四条，向境外提供个人信息的主体，需要同时满足四个条件，才能采取订立《个人信息出境标准合同办法》的方式进行个人信息出境活动，否则需按照《数据出境安全评估办法》的要求通过所在地省级网信部门向国家网信部门申报数据出境安全评估。

依据 2024 年 3 月 22 日国家互联网信息办公室发布的《个人信息出境标准合同备案指南（第二版）》，个人信息出境标准合同备案应当具备的条件详见表 12-5。

表 12-5　个人信息出境标准合同备案应当具备的条件

事项	具体要求
适用范围	个人信息处理者通过订立标准合同的方式向境外提供个人信息，同时符合下列情形的应当向所在地省级网信部门备案： （一）关键信息基础设施运营者以外的数据处理者； （二）自当年 1 月 1 日起，累计向境外提供 10 万人以上、不满 100 万人个人信息（不含敏感个人信息）的； （三）自当年 1 月 1 日起，累计向境外提供不满 1 万人敏感个人信息的。 属于《促进和规范数据跨境流动规定》第三条、第四条、第五条、第六条规定情形的，从其规定 个人信息处理者不得采取数量拆分等手段，将依法应当通过出境安全评估的个人信息通过订立标准合同的方式向境外提供
适用情形	仅针对个人信息
备案方式	个人信息处理者应当在标准合同生效之日起 10 个工作日内，通过数据出境申报系统备案，系统网址为 https://sjcj.cac.gov.cn

具体流程如图 12-3 所示。

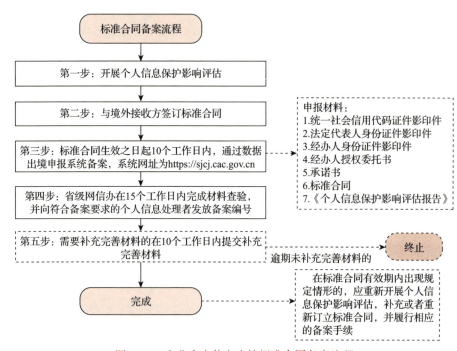

图 12-3　企业个人信息出境标准合同备案流程